J. Augusto Mendonça

A Magia da Hipnose na Psicoterapia

INSTITUTO MILTON H. ERICKSON DE BELO HORIZONTE

Rua Conde Linhares, 980 - Cep.: 30380-030 - Belo Horizonte / MG

Telefax: (31)3344-8447

E-mail: instituto@ericksonbh.com.br

EDITOR: *Gustavo Mendonça*

CAPA E PROJETO GRÁFICO: *Equipe da Editora Diamante*

Ficha catalográfica elaborada pela Bibliotecária Ana Cristina de Vasconcellos – CRB 6/505

M539m

Mendonça, J. Augusto.

A magia da hipnose na psicoterapia / J. Augusto Mendonça. – 2. ed. rev. – Belo Horizonte : Diamante, 2008.

199 p.

Bibliografia: p. 197-199.

ISBN: 978-85-89351-11-9.

1. Psicoterapia ericksoniana. 2. Hipnose ericksoniana. 3. Psicoterapia estratégica. 4. Psicologia breve. 5. Histórias. 6. Comportamento – Modificação. 7. Metáfora. I. Título.

CDD : 616.8914

"Do meu ponto de vista, só pode ser chamado notável *o homem que se distingue dos que o rodeiam pelos recursos de seu espírito e que sabe conter as manifestações que vêm de sua natureza, mostrando-se ao mesmo tempo justo e indulgente para com as fraquezas dos outros."*

George Ivanovich Gurdjieff

ÍNDICE

Prefácio à Segunda Edição

Há sempre um pouco de magia no ar quando se fala em hipnose. Mas não é necessário ser um mago para entender como aplicar hipnose na psicoterapia. Poder contar com um bom guia pode ser de grande ajuda para os profissionais e estudantes novatos no assunto.

J. Augusto Mendonça é um dos melhores guias que qualquer estudante interessado poderia desejar. Ele é tanto um professor quanto um terapeuta de grande talento. Sua escrita combina precisão e poesia. Você, leitor, será conduzido pelos fundamentos da Hipnoterapia Ericksoniana. Uma vez que você tenha compreendido a estrutura teórica, você encontrará metáforas ricas que o ajudarão a experienciar conceitos fundamentais.

Eu fui aluno de Milton Erickson intermitentemente entre 1973 e 1980. Como Mendonça, Erickson me conduziu pelas metáforas. O Dr. Erickson raramente ensinava conteúdo. Ao invés disso, suas histórias e metáforas tinham a intenção de desenvolver *insight* e intervenções que tocavam o coração da pessoa, mais do que a cabeça. Tanto Mendonça como Erickson são "formadores de pessoas", encorajando os alunos a

SEREM os melhores profissionais, não meramente papagaios de técnicas.

Eu sou muito grato por conhecer J. Augusto por quase vinte anos. Já somos amigos e colegas há muito tempo. Eu o percebo como um pensador perspicaz e criativo. Ele é um clínico humano e atencioso, além de ser um professor ousado e inovador. J. Augusto é um dos pais da prática Ericksoniana no Brasil, um de seus fundadores. E ele sabe como contar uma história cativante como ninguém.

Eu o convido a estudar seus conceitos com atenção e cuidado. Eles certamente irão acrescentar magia ao seu trabalho, e ainda mais magia à sua vida.

Jeffrey K. Zeig, Ph.D.
Diretor
The Milton H. Erickson Foundation
www.erickson-foundation.org
23 de junho de 2008

Prefácio

Um maravilhoso presente e uma grata surpresa. Se disserem que estou falando da pessoa, de sua vida ou deste livro, todas as respostas estão corretas.

J. Augusto sempre foi alguém que acreditava em si, em seu potencial e sempre soube que estava fazendo o melhor que podia; mas acreditava que podia sempre fazer algo mais... algo *a mais*. Ele é uma pessoa que sabe fazer diferença na vida dos outros e não se inibe ao fazê-la.

O positivo do positivo para mim é saber que ele irá (com este livro) propiciar uma gostosa possibilidade de crescimento para quem estiver desejoso de ou disposto a crescer. Desfrutar de seu livro é *mais* do que apenas mais uma leitura. De uma forma simples, meio clara, meio confusa, um pouco ericksoniana e um tanto mendonçaniana, seu livro abre olhos, ouvidos, bocas, corações e portas. Foi feito para o mundo. As pessoas podem usufruir dele, lendo-o várias vezes. As metáforas falam além das páginas e a teoria, num tom de crônica, deixa a ciência da hipnose e da psicologia com liberdade para *re-criação*. A psicoterapia deixa de ser um mito. Não há como resistir à força da metáfora.

Quando li pela primeira vez *A magia da hipnose na psicoterapia* fui ficando emocionada, encantada e, a cada página, fui encontrando uma deliciosa surpresa. Fiquei por várias vezes arrepiada. Uma emoção grande de alegria, pois novamente J. Augusto se superava. Eu já li muitas coisas lindas escritas por ele, porém, este livro me parece ter um algo a mais, falando diretamente ao coração, à pessoa, permitindo o crescimento do gigante que existe dentro de cada um de nós e propiciando um aprofundamento de nossa originalidade pessoal.

Escrever um livro é um pouco como ter um filho. Foi assim com muitos escritores. É assim com este livro. Os filhos feitos e criados para o mundo não perdem seus objetivos de servir e ser útil à sociedade. Por isso é fácil reconhecê-los. Veja aí qual é a magia.

Gostaria de compartilhar com o leitor uma experiência marcante: o acompanhamento do florescimento de um vaso de onde brotaram três orquídeas. Havia no jardim do consultório de J. Augusto um vaso sem flores, as folhas verdes meio espetadas, um pouco sem graça. J. Augusto foi regando, cuidando daquela planta e a tratava muito bem, pois tinha a certeza de que de dentro dela surgiria algo belo e significativo. Um dia, notamos que do vaso nascia uma folha. Ela começou a inchar-se. O mesmo aconteceu com outra e outra folha. Elas foram ficando cheias, diferentes das outras. Todos os dias a planta recebia uma atenção especial e à medida que o tempo passava observávamos as folhas engordando, o crescimento de dentro para fora. Até que um dia uma delas começou a se abrir devagar, desabrochando e se tornando uma flor belíssima. Quando menos esperávamos veio a segunda e, depois, a surpresa da terceira, igualmente belas. Foi uma experiência fascinante. Era emocionante acompanhar tal desabrochar... para muitos um princípio, para outros um meio e sempre há a transformação. Inevitável! Como em todo bom acontecimento: um nascimento, um casamento, uma vida nova pronta para ser positivamente renovada.

Angela Cota Guimarães Mendonça

Psicóloga clínica

Presidente do

Instituto Milton H. Erickson de Belo Horizonte

Maio de 1995

INTRODUÇÃO

Este livro contém histórias e um pouco de teoria. As histórias são metafóricas. A teoria é alguma coisa a respeito da hipnose, da auto-hipnose e do transe hipnótico sob o ponto de vista do enfoque dado pelo Dr. Milton H. Erickson, M.D. e também o resultado de minhas experiências com outros autores e na minha clínica. Enquanto vou contando as histórias, vou convidando o leitor a entrar no transe hipnótico. À medida que estudo o transe, vou criando metáforas para o leitor. O que se pode fazer consigo mesmo para ser uma pessoa mais plena, mais inteira e, conseqüentemente, mais feliz?

Trabalhando com um grupo de jovens, fiz a eles a seguinte pergunta: para que se hipnotiza uma pessoa? Recebi respostas diferentes: primeiro, a hipnose serve como educadora, pois a pessoa pode se lembrar um pouco de seu passado, tornar-se consciente dele e, a partir daí, promover mudanças em padrões de comportamentos pouco saudáveis; segundo, serve para reorganizar o inconsciente, considerando-se que o inconsciente das pessoas é um depósito de lembranças, experiências, conhecimentos, aprendizagens que foram automatizados ao longo da vida e das quais a pessoa se utiliza quando necessário; terceiro, serve para a aprendizagem, pois podemos aprender conosco mesmos, bastando que, para isso, olhemos um tanto na direção certa. E a direção certa no transe hipnótico, conforme utilizado pelo Dr. Erickson, é de dentro para fora, organizando o pensamento e sistematizando o conhecimento; quarto, serve para nosso bem estar físico, nosso descanso e nossa maior produtividade. Ficamos fisicamente quase imobilizados, tão voltados para dentro de nós que o nosso corpo descansa, principalmente quando tomamos uma posição bastante confortável e nos dispomos para a aprendizagem.

As histórias nos falam da vida de várias maneiras. Elas circulam em torno de nosso dia-a-dia, do cotidiano, das coisas que vemos, que fazemos, que falamos e vai, de certa forma, compondo e recompondo o nosso pensamento, a nossa forma de pensar. Muitas vezes, quando paramos e encontramos um pensamento novo sobre alguma forma de agir, ou sobre uma atitude que temos que tomar, deparamo-nos com algo novo que nos surpreende e nos dizemos: como foi que eu não pensei nisso? As histórias trazem alguma coisa que nos diz da nossa forma de pensar, de algum ângulo novo que não tínhamos experimentado para ver a vida.

Assim, vou intercalando teoria e prática, se é que posso falar assim das historias que são contadas, emendando e divertindo, deixando livre para o leitor a descoberta, o desvelar das metáforas. E eu posso adiantar o resultado final dessa nova experiência, sem considerar os ganhos que, com certeza, o leitor mais atento vai ter nas entrelinhas: a constante busca da maturidade, o trilhar do caminho do crescimento, uma via de uma mão só, sem direito a retorno.

Finalmente, presto aqui uma homenagem ao Dr. Milton H. Erickson, que pediu aos seus alunos que lhe contassem histórias interessantes em seu leito de morte. Aí estão as que pude recolher, entre as que já contei em psicoterapia.

A ESTRELA DE PHOENIX

Na distante e ensolarada Phoenix, vivia um homem maduro e bonachão de nome Milton. Era um psicoterapeuta conhecido e respeitado, muito querido pelas pessoas da cidade. Milton tinha um consultório em sua casa, com uma clientela sempre renovada. Quem não conhece o valor desse homem pode pensar que quem não tem uma clientela constante não é um bom profissional. Muito pelo contrário, ele era excelente.

Quando muito jovem, aos 17 anos, foi acometido de uma doença muito grave que o deixou de cama, com os membros superiores e inferiores paralisados. E esteve bem perto da morte. Houve até um doutor que chegou a desenganá-lo, chegou a dizer à mãe de Milton que ele não passaria "daquela noite". Milton se encheu de coragem, pois ouvira o que o médico dissera e achara injusto uma pessoa dizer aquilo a uma mãe, e começou a velar. Fez muita força para não dormir "naquela" noite. Pediu que colocassem sua cama junto da janela e observou

Nota do editor: nessa história o autor mescla fatos e ficção para, de uma forma singular, nos apresentar alguns aspectos da pessoa que foi Milton H. Erickson.

as estrelas, prestou muita atenção aos ruídos da noite e ficou de sentinela, como se dissesse para a morte que não tinha medo, que estava mesmo à espera dela. A noite passou, o dia amanheceu, o sol raiou devagarzinho e Milton sentiu um forte orgulho de si mesmo. Em sua boca, ele sentiu o sabor de quem vencera a morte.

O resto do dia ele passou pensando: o que seria dele, vencendo a morte? O que faria de sua vida, entrevado, preso a uma cama? Que sentido poderia ter a vida para ele? Mas uma pessoa que consegue vencer a morte numa noite tem um motivo muito forte para viver. Ou talvez até por amor à própria vida. Milton vivia e era preciso fazê-lo bem.

Quase todo mundo já ouviu dizer que damos valor às coisas depois que as perdemos. Muita gente já experimentou isso, seja com bens materiais, seja em casos de amor. Há pessoas que perdem bens, e só percebem o valor depois que perderam, recuperam os bens e nem sempre dão o valor que achavam que tinha, quando perdido. Outros há que, se conseguem recuperar, dão valor maior. Milton foi um desses últimos. Perdida a vida pela palavra de um doutor, recuperada a vida num raiar de sol. E que beleza trazia agora a vida!

Retirado no campo, vida rural com a família, o rapazinho imobilizado pela doença precisava recuperar a possibilidade de desfrutar a vida. De que não é capaz quem vence a morte? Milton continuava a pensar. Olhava para as pessoas, observava os animais e as plantas. Queria encontrar um meio de poder mover-se, queria encontrar uma ajuda, por uma informação da natureza, do meio, dos animais, das plantas. Cresceu em seu peito uma vontade de caminhar, de recuperar a marcha, o equilíbrio. Querer, queria. O corpo não respondia aos desejos. E longe de tudo, da civilização, do avanço, do progresso, encerrado no meio do mato, zona rural.

Não se vence um campeão! Para recuperar a marcha, Milton começou a observar as crianças. Era hora de aprender de novo. Deitado na cama, confinado à imobilidade, era necessário um grande esforço e uma enorme força de vontade para ter de volta o que o cérebro havia esquecido. Como as crianças andam? Como começam a caminhar? Ninguém se levanta do berço e sai andando. Nenhuma aprendizagem se dá na teoria. Era preciso treino, um pouco a cada dia, como fazem as crianças, até reaver todo o equilíbrio do corpo em uma das pernas, estaticamente. Depois, jogar todo o peso do corpo para a outra perna, com uma quantidade de força que permita continuar de pé. Firme, de pé, a cabeça olhando para frente e pronto para o tombo. A queda é necessária, muitas vezes. Com ela a criança aprende mais sobre o seu corpo, sua força e seu tônus muscular. Aprende a se levantar. E continua.

As pessoas se dispõem a ajudar, quando se pede ajuda. Mas existem conquistas que só nós mesmos fazemos por nós na nossa vida. A felicidade é uma delas. Você, amigo leitor, já deve estar cansado de saber disto. Ninguém faz a felicidade de ninguém, ninguém é responsável pelo insucesso ou pelo sucesso dos outros. Quem quiser ter seus momentos alegres, trate de construí-los. Se não souber como, pense, pense.

O Milton pensou que poderia desenvolver os músculos do peito treinando o remo. Conseguiu que o colocassem em um barco e foi fazendo força. Foi sozinho, pois o companheiro de viagem desistiu e não apareceu. Foi rio abaixo e rio acima sempre remando. Também treinou a marcha e conseguiu caminhar, ainda com ajuda de muletas, depois, bengala.

Decidiu estudar. Foi mais autodidata que aluno.

Aprender, aprendia. Aprendia o quanto podia, que aprender é a grande maravilha da vida. Aprender de tudo, com todos. E principalmente, aprender com os animais e com a Mãe Natureza. Com os animais, aprende-se a sinceridade. Incrível, mas os animais não mentem. Qualquer animal. São o que são e não precisam se disfarçar. Até os animais que se disfarçam por necessidade de sobrevivência são sinceros no seu disfarce. E a Natureza, rica em sua rotina, a terra, a chuva, o sol, a semente. A semente! E que grande riqueza é o semear. Preparar a terra, esperar a chuva, colocar a semente, deixar o sol agir e, sobretudo, esperar.

Na medicina, Milton aprendia com os pacientes. Ele optou por viver em Phoenix, em função de sua saúde, suas alergias a climas mais frios e por ter amigos e um hospital para médicos psiquiatras.

Com 33 anos de idade, Milton conheceu uma mulher. Simples, como ele; direta, como ele; inteligente, como ele; amiga, como ele. Aos 34 anos estava casado com ela. Ele queria ter uma família. E teve filhos com Beth. Seus filhos foram crescendo e ouvindo as histórias que o pai gostava de contar. Traziam os amigos e coleguinhas para ouvirem as histórias. E o pai, entre um trabalho e outro, chamava o filho e o amigo, a filha e a amiga para ouvirem suas histórias. Eram histórias simples, de fadas, de reis, de gigantes muito grandes, de castelos e de crianças que eram sempre heroínas. Todas as suas histórias mostravam meninos e meninas muito bons, que estavam constantemente preocupados em ajudar, em construir e em ser felizes. Eram histórias de personagens que amavam a vida. Viveu rodeado de crianças que viam no homem um amigo que as incentivava na criatividade, na curiosidade e no desenvolvimento de dons naturais.

Havia em sua casa um enorme jardim. Havia também um pomar. Todo mundo era livre para apreciar as flores e os frutos. Por isso também sua casa era amada. As crianças chegavam, junto com os filhos de Milton, molhavam as plantas e garantiam assim seu direito de usufruir do que lá havia. Estavam sempre freqüentando aquela casa.

Uma coisa que Milton gostava muito de colocar em suas histórias era o sentido da vida. Suas personagens infantis gostavam de viver porque amavam alguém e a esse alguém se entregavam; ou queriam uma profissão, um trabalho, e esse trabalho se tornava a razão de suas vidas. Outras vezes, havia um sofrimento do qual não podiam se livrar, como mortes de pessoas queridas ou males incuráveis. E aí a vida era o saber lidar com a saudade ou com a dor. Em todos os aspectos dos sentidos da vida, havia um vitorioso, como ele mesmo, Milton, que já vencera a morte.

E as pessoas que vencem a morte não morrem mais. Quando chega o dia de elas irem embora da terra, elas mudam suavemente de estado. Permanecem as mesmas, como a água que se transforma em gelo e depois em vapor. E continua sendo água. Essas pessoas são assim também.

Pois bem, um dia Milton teve uma forte infecção em sua barriga. Foi para o Hospital. Os médicos fizeram tudo o que puderam. Milton sorria para eles e para os que se aproximavam de sua cama. Aos poucos, parou de falar. Apenas piscava os olhos para mostrar que ouvia, que entendia o que lhe diziam e que reconhecia as pessoas de sua família.

No dia seguinte, adormeceu profundamente. Os médicos tentaram acordá-lo, mas não conseguiram. Começara a sua transfiguração. E durou apenas um dia a sua metamorfose. Sem que ninguém visse, entrou em seu quarto um bando de fadinhas, as mesmas de suas histórias para crianças, deram a mão para ele e foram levando Milton por caminhos por onde ele nunca havia andado.

CONCEITUANDO HIPNOSE TRADICIONAL E O ENFOQUE ERICKSONIANO

"...em tudo deve entrar um tanto de confusão e um tanto de clareza."

Milton H. Erickson, M. D.

Convém distinguir a hipnose clássica da hipnose como foi praticada pelo Dr. Milton H. Erickson. A hipnose tradicional é operada de fora para dentro do sujeito. Assim o operador tem o poder, e o sujeito é submetido diretamente às sugestões do operador. Ela se passa sempre de uma mesma maneira, bastando que o operador faça o teste de sugestionabilidade para saber se o sujeito é um bom sujeito hipnótico, processando, assim, a sua receita já previamente decorada, válida igualmente para qualquer sujeito facilmente sugestionável. Por isso mesmo, o procedimento é linear e horizontal, o que equivale dizer que o operador atua somente numa direção, qualquer que seja o sujeito. Já o Dr. Erickson descobriu uma nova maneira de se comunicar, fazendo a hipnose de dentro para fora, organizando as palavras num plano circular, estabelecendo uma relação de comunicação que se processa ao mesmo tempo em dois níveis - o nível do consciente e o nível do inconsciente - enquanto vai eliciando os recursos que o sujeito tem dentro de si. Ele faz a indução do transe através de metáforas, através da memória, através da focalização, através da levitação de braço, numa linguagem indireta e também numa linguagem direta. E utilizando os mesmos recursos, ou variando esses recursos, ele vai aprofundando o transe.

Agora, eu gostaria de estabelecer um pouco de confusão para permitir que o leitor busque um pouco de clareza.

O operador/terapeuta não sabe o que o sujeito/cliente sabe, mas o sujeito/cliente não sabe que sabe e o operador/terapeuta sabe que o sujeito/cliente não sabe o que sabe. E nessa confusão de sabe e não sabe o operador/terapeuta leva uma vantagem. Apesar de ser o que não sabe, porque ele é consciente de que não sabe, vê que o sujeito/cliente é completamente inconsciente do que não sabe e do que sabe.

Portanto, o operador/terapeuta pode lidar com o sujeito/cliente, apesar de não saber o que o sujeito/cliente sabe, porque ele sabe que o sujeito/cliente não está consciente do que sabe. Embora ele não saiba o conteúdo, ele sabe que o sujeito/cliente também não é ciente do conteúdo e, o sujeito/cliente, que não está consciente de qual é o conteúdo, tem o saber e desconhece que tem o saber.

O tesouro todo está no saber do sujeito/cliente (que são os *recursos* que traz dentro de si para resolver seus próprios problemas). A função do operador/terapeuta é trazer esse saber à tona, é possibilitar que o sujeito/cliente tome consciência do que sabe.

Alguns terapeutas que trabalham com a hipnose chamam a esse saber do sujeito/cliente de poder. Na verdade, o terapeuta é o que elicia o poder, traz de dentro do cliente aquele poder, mesmo sem saber qual é o poder, ele sabe trazer o poder.

Agora, vamos deixar um pouco de clareza, para permitir ao leitor a sua caminhada para dentro de si mesmo.

Se a hipnose é considerada do ponto de vista do Dr. Erickson, ela é realizada de dentro para fora, o que equivale dizer que o sujeito/cliente terá todo o trabalho de entrar no transe hipnótico. A pessoa não será hipnotizada se não permitir, não será hipnotizada se não quiser, não será hipnotizada se não estiver disposta a trabalhar suas próprias dificuldades.

O operador/terapeuta conduz o transe, facilita as coisas para o sujeito/cliente; fica mais fácil entrar no transe.

Mas é a pessoa que se vai colocar no transe e isso não requer nenhuma aprendizagem especial. Não requer nenhuma habilidade além do seu desejo de voltar-se para dentro de si mesmo e olhar um pouco internamente. E isso não requer nenhum esforço da parte do sujeito/cliente.

Esse momento em que a pessoa pára em si mesma e se focaliza internamente é chamado de *transe*. É um momento em que todo o exterior desaparece, os ruídos não chamam a atenção, esquece-se completamente de onde se está, perde-se o interesse pelo tempo e deixa-se a imaginação trabalhar. Pode-se olhar um pouco para o passado; pode-se pensar em soluções de algum problema específico; pode-se procurar na lembrança de outros momentos soluções para dificuldades outrora enfrentadas e que desejaria resolver agora no presente, se elas se mantêm no presente.

Isso se torna um gostoso convite a gastar algum tempo consigo mesmo - um tempo bem gasto. Talvez um tempo em que a pessoa se ocupa com seu próprio crescimento. Talvez um tempo em que a pessoa se ocupa com seus comportamentos indesejáveis e firma propósitos de mudança de vida, ou de alguns hábitos indesejáveis na relação com os outros, ou para si mesmo.

Ocorre aí o chamado ***transe*** ou a ***auto-hipnose***. Uma volta para dentro de si, como se uma luz interna iluminasse por dentro, bem focalizada, enquanto do lado de fora reina o silêncio e a tranqüilidade.

A CHUVA DE SETEMBRO

Existem pessoas que têm mão boa para plantar. Tudo o que plantam pega, nasce, vira uma árvore bonita. E, se a árvore for frutífera, dá lindos e saborosos frutos...

Eu me lembro, sempre que o mês de setembro se vem aproximando, de um ensinamento de meu pai que agora passo a contar.

Ele, costumeiramente, ia ao mercado fazer compras duas vezes por semana. Levava em suas idas um de nós, menino ou menina, que ajudava a carregar as compras. No mês de agosto, todo ano, ele dizia que estava esperando a chuva de setembro, quando íamos ao mercado. Lá, enquanto ele comprava alguma coisa em alguma banca de verdura ou de frutas, ele mandava que fôssemos a algum armazém que deixava sacos de cereais expostos. Mandava que fôssemos ao saco de milho e escolhêssemos grãos do tamanho de sua unha do dedo polegar. E como era grande a unha do polegar de meu pai!

Íamos lá, escolhíamos o grão de milho bem grande, vários, conferíamos na unha de meu pai. Ele guardava os milhos no bolsinho esquerdo de nossas camisas. Quando chegávamos em casa, ele recolhia os enormes grãos, guardava-os em uma latinha vazia de fermento Royal e repetia que estava esperando a chuva de setembro.

Logo que o mês de setembro chegava, caía sempre alguma chuva, geralmente nos dez primeiros dias, preparando a chegada da primavera. Quem trabalha no campo sabe que existe uma época boa para o plantio de cada vegetal: o alho, no mês de março ou abril, o milho, no mês de setembro, etc. Apesar de se poder plantar a qualquer tempo, a observação do calendário ajuda bastante a se obter bons resultados.

Pois bem, tão logo caía a chuva, com o terreno úmido, meu pai chamava todos nós, 7 filhos, que íamos para o terreiro com ele. Os mais velhos faziam as covas no chão; os mais novos iam colocando os milhos dentro e fechando as covas. Tinha de ser com as mãos. E, depois, todos tinham que trazer água, em regadores, latas vazias, panelas, e começar a molhar. Não se perdia tempo, mal mal se acabava de plantar, já se começava a molhar. E todo dia, logo ao acordar, íamos para o terreiro molhar o milho. Também à tardinha, tão logo o sol se punha, voltávamos ao terreiro para molhar o milho.

Rapidamente, o milho crescia; os pés eram muito grandes e as espigas, quando surgiam, eram coisa de dar inveja a qualquer agricultor. Mas quem planta uma boa semente sempre colhe um bom fruto. E, assim que o milho estava no ponto de ser colhido, voltávamos nós para o terreiro, com meu pai administrando a colheita. O milho era colhido um pouco a cada dia, fazia-se na cozinha o que desejávamos: pamonha, milho cozido, mingau de milho verde, angu, cuscuz, milho com arroz, curau, etc. Minha mãe trabalhava com prazer e comíamos com muito gosto. Colhíamos todo o milho que alimentava a família por um bom tempo. Quando não restava mais espiga, então meu pai nos chamava de novo ao terreiro para arrancar os pés de milho. E dizia em alto e bom som: "o que não produz tem que ser arrancado e jogado fora". Arrancávamos os pés de milho, as palhas das folhas já secando e fazíamos um monte no meio do terreiro. Meu pai tirava a caixa de fósforos do bolso e, ali, víamos subir um fogaréu enorme. De novo ele falava: "esse fogo não vale nada, é só fogo de palha, não deixa cinza que preste". E, depois disso, o terreiro era varrido novamente. Limpava-se tudo. Então, íamos nós preparar o chão, dividido em canteiros, para a plantação de outras hortaliças.

Até hoje fico esperando a chuva de setembro, época boa para se plantar...

COMO ENTRAR EM TRANSE

As pessoas acham que não sabem entrar em transe. No entanto, quase todo mundo já viveu inúmeras situações de transe. Quantas vezes, por distração, paramos o olhar em algum ponto e, perdidamente, fixamos a vista, enquanto nosso pensamento fica dando voltas?... Quantas vezes, em algum ambiente de conversa, ouvimos alguma frase que tem a ver conosco e mergulhamos profundamente num pensamento?... Quantas vezes, alguém perto de nós, percebendo o nosso ensimesmamento, passa a mão diante de nossos olhos para um lado e para outro, chamando nossa atenção para o mundo real que está bem perto de nós?... Podemos dizer que, nessas vezes, vivemos algum estado de transe...

Quando focalizamos nosso interior, assentados confortavelmente, permitindo que nossos pés toquem o chão, pousamos nossas mãos sobre nossas coxas, preferencialmente fechamos os olhos e nos voltamos para dentro de nós, dirigindo o nosso pensamento numa direção de imagens, ou fantasias, ou de fatos que queremos rever internamente, ou criamos "quadros" mentais e ficamos assim absortos pela imagem que criamos. Podemos dizer que, nessas vezes, vivemos algum estado de transe.

Mergulhados dentro de nós mesmos, podemos agora aproveitar esse momento de conforto para que se produza a aprendizagem.

Aprendemos conosco mesmos, aprendemos com nosso passado, aprendemos com as coisas que já experimentamos em nossas vidas e esses aprendizados podem ser ativados para serem utilizados agora.

Aprendemos também com nossos erros! E podemos ficar pelo tempo que quisermos, conosco, absorvidos pelos pensamentos, procurando desfrutar de nossas vivências, de nossas experiências, de nossas lembranças, de nossa memória e de tudo o que já aprendemos na vida.

Quando fazemos isso sozinhos, entramos em auto-hipnose; quando fazemos isso ajudados por outra pessoa, por exemplo, um operador/terapeuta, entramos em hipnose. E, de uma forma ou de outra, confortavelmente, podemos ir aprendendo, desfrutando, mais e mais, melhorando nossa qualidade de vida, perseguindo e construindo a nossa felicidade.

Se o transe é induzido por um operador/terapeuta, podemos tomar a mesma posição que tomamos anteriormente, ou seja, assentados, coluna bem ereta, para ficarmos mais confortáveis, os pés tocando o chão, as mãos apoiadas sobre as coxas, buscando, internamente, a nossa absorção.

Não existe limite de idade para se entrar em transe. Qualquer criança, qualquer jovem, qualquer adulto, qualquer pessoa idosa pode entrar em transe e desfrutar dos ganhos que se pode obter disso.

MOVENDO MONTANHAS

"para se andar 300 quilômetros é necessário dar o primeiro passo"

Tudo aconteceu meio de repente. Eu estava almoçando e meu filho mais novo chegou com essa pergunta: pai, como é que se move uma montanha? Pensei um pouco na razão da pergunta, o que realmente ele estava querendo saber. Demorei um pouco a responder, ou melhor, não respondi. Disse a ele que depois do almoço iríamos nós dois à garagem, caso ele não tivesse alguma coisa muito importante para fazer.

Na garagem, havia um quartinho para guardar pneus e outras quinquilharias que não ficavam no apartamento. Lá, eu guardava, aproximadamente, trezentos cascos de bebidas, cervejas e refrigerantes.

Estacionei meu carro bem próximo do quartinho e pedi a ele que colocasse as garrafas vazias no porta-malas do carro. Olhando tanta garrafa, ficou meio sem jeito e um pouco preguiçoso. Animei-o pegando duas garrafas em cada mão e iniciando o trabalho. Ele logo deu continuidade, perguntando-me se era para colocar tudo aquilo no porta-malas. Diante de minha resposta afirmativa, continuou trabalhando até que encheu o porta-malas. Ainda havia muita garrafa sobrando.

Pedi que entrasse no carro comigo e fomos até a mercearia. Lá, pegamos um carrinho, enchemos com as garrafas e entregamos no depósito de vasilhames, em troca do recibo. Depois fomos até a prateleira das garrafas cheias e novamente enchemos o carrinho. Fizemos essa operação até que o carro estivesse completamente cheio. Voltamos para casa e recomeçamos todo o trabalho. Por volta de dezessete horas encerramos tudo. O quartinho estava com as garrafas cheias. Autorizei-o a levar quantas quisesse para si, para tomar no apartamento. Saiu satisfeito nos seus onze anos de idade, tanto pelo trabalho realizado, com o pai, como pela recompensa. Nada falei a respeito da pergunta da hora do almoço, esperando que ela retornasse... e retornou, à noite, em forma de resposta, quando já nos preparávamos para dormir:

– Pai, estou muito cansado hoje. Acho que é porque movemos uma montanha...

HIPNOSE E INCONSCIENTE

Existem muitas pessoas que têm medo de ser hipnotizadas. Algumas dizem que não querem revelar o que está guardado em seu inconsciente. Outras dizem que têm medo de revelar, de falar ou fazer coisas que não querem. E, assim, a hipnose tornou-se um grande mito.

Entretanto, não há o que temer na hipnose terapêutica. Em vez de ameaça, ela é uma ajuda. O terapeuta pode trabalhar à vontade, porque, apesar de o mesmo trabalhar com elementos que estão guardados no inconsciente das pessoas, elas não perdem a consciência nem o controle.

Todos nós temos em nosso inconsciente um depósito de lembranças, experiências, aprendizagens que foram automatizadas. Umas boas, outras ruins. Ao longo de nossas vidas, aos poucos, especialmente quando estamos distraídos, nosso inconsciente atua. É mais ou menos como se desenrolasse uma fita que está guardada e nós, sem percebermos, vamos tendo comportamentos que às vezes nos surpreendem...

Muitas vezes o nosso inconsciente nos protege. Temos guardados nele algumas defesas, alguns princípios, algumas regras que ouvimos, que vivemos, quando ainda crianças, que servem, para, automaticamente, entrar em ação e nos proteger, nos defender. Muitas vezes, ouvimos pessoas nos dizerem: "não sei como consegui..." ou então, "não sei onde arranjei forças naquela hora...", revelando a surpresa pela própria atitude. O que ocorreu, provavelmente, foi uma atuação do inconsciente.

Quando um terapeuta coloca uma pessoa em transe hipnótico, ele trabalha com elementos que estão guardados no inconsciente da pessoa. Ele procura saber alguma coisa a respeito do vocabulário que a pessoa usa, das imagens mentais que a pessoa costuma fazer, das idéias que desenvolveu, do tipo de vida que teve, do lugar onde viveu e com quem, coisas de que gosta e que usa normalmente, etc. Ele pesquisa sobre coisas que a pessoa provavelmente tem guardadas em seu inconsciente. Também, ele faz, na entrevista, um rápido diagnóstico do tipo da pessoa, das principais características da pessoa, da forma como ela age, como vive e como atua no seu dia-a-dia.

Um observador pode perceber se uma pessoa capta o mundo externo pela visão, pela audição ou pela sensibilidade tátil de seu corpo. Pode prestar atenção no uso de palavras ou expressões como: "Veja só!", ou "Olha!", ou "Escuta bem!", ou "Sente o clima!", dando a indicação do canal de entrada. São palavras e expressões que estão automatizadas no nosso vocabulário e adaptadas à nossa maneira de entender o mundo.

Um conceito de hipnose como sendo um estado alternativo de consciência pode nos colocar diante da possibilidade de se acender o inconsciente. Um conceito de hipnose como sendo um estado ampliado da atenção também nos leva à idéia de expansão do inconsciente.

De qualquer forma, podemos imaginar que o consciente fica atento a coisas internas, a pessoa fica voltada para dentro de si mesma, não prestando atenção no lado de fora e no que está à sua volta, ao seu redor. Sua audição seleciona a voz do operador e ela deixa de ouvir os outros sons externos. Seu corpo, inerte, pode passar por um adormecimento, aceitando somente o comando interno, de sua mente. Pode modificar a temperatura do próprio corpo, pode não sentir uma dor, pode não sentir uma parte de seu corpo, como se não fosse seu.

Enquanto isso, o inconsciente toma conta, aflora e todas as lembranças, aprendizagens, experiências que foram automatizadas e guardadas vêm à tona. Ele fica vulnerável, facilmente atingível. Ele se torna receptivo às comunicações, fazendo do estado de transe um poderoso veículo de comunicação de idéias. Como o consciente está distraído ou adormecido, o inconsciente guarda a mensagem, a nova aprendizagem que não necessitou de tempo para estar automatizada.

Fica respondida uma pergunta que nem precisou de ser formulada: para que utilizamos a hipnose em psicoterapia?

AUTOMATISMOS

Quando comecei a fazer caminhadas no prédio em que moro, vivi uma situação curiosa. É que, como saía de casa para caminhar, eu, que moro no terceiro andar, descia quatro andares de escadas, em vez de usar o elevador. Parece lógico.

Eu colocava tênis, uma calça jeans e camiseta e ia fazer minha caminhada. Na volta, subia novamente as escadas até meu apartamento. Tudo normal.

Entretanto, quando eu saía para o trabalho, de terno e gravata, pegava o elevador. Da mesma forma, quando retornava do trabalho, de terno e gravata, novamente usava o elevador.

Achei que poderia usar as escadas, quando saísse para o trabalho e quando retornasse à casa. Achei mais, que poderia não usar mais o elevador. Propus-me a somente andar de escada. Proposta feita, mãos à obra. Só que, quando saía de casa, apanhava o elevador e nem me lembrava da proposta feita. Algum tempo depois, ou no dia seguinte, quando estava descendo as escadas para fazer a caminhada, eu me lembrava de que, na véspera, eu havia usado o elevador. Ficava um pouco aborrecido comigo mesmo e, de novo, me propunha a voltar a usar as escadas. Mas qual! Novamente eu me surpreendia tendo apanhado o elevador...

Pus-me a pensar em pessoas que se propõem a mudar de vida, fazem planos, ensaiam comportamentos novos e, quando menos esperam, são surpreendidas no velho, no rotineiro, no cotidiano, naquilo que não querem mais...

Volto à minha escada e faço força para me lembrar. Quero parar de usar o elevador e consigo. Fico um bom tempo andando, subindo e descendo as escadas, quando tenho que sair de casa. Mas mesmo assim, às vezes, quando saio de casa e o elevador está parado no meu andar, sem perceber, entro nele e vou embora. Chego a balançar a cabeça de chateação. Mas já é tarde!

Foi tanto tempo na minha vida subindo e descendo de elevador que agora que resolvi que andar de escada, subindo degrau por degrau, faz mais bem para a minha saúde, ainda me surpreendo apanhando o elevador. Fico agora me perguntando: quanto tempo será que se leva para um comportamento automatizado deixar o inconsciente?

Acredito que, ainda, depois de muitos anos, já estando acostumado a subir e descer escadas, todo dia, toda vez que entro e saio do meu apartamento, algum dia, sem mais nem menos, distraidamente, aperto o botão do elevador, entro e vou-me embora sem dar conta do que fiz...

Automatismos.

FAZENDO CONTATO

A primeira entrevista que o terapeuta tem com o seu cliente é a oportunidade de coletar dados. A observação é o maior instrumento de que o terapeuta dispõe. Logo de início ele já pode observar externamente a apresentação da pessoa do cliente, suas roupas, calçado, acessórios, penteado, tudo o que indica o tipo de pessoa que ele é. Se se trata de uma pessoa vaidosa, citadina, preocupada com a apresentação pessoal, se quer causar boa impressão, sua classe social, o nível de vida que leva. O terapeuta já pode ir observando e armazenando.

Nem sempre a pessoa que procura a psicoterapia sabe, conscientemente, porque procurou. É comum também as pessoas não saberem ao certo o que é uma psicoterapia. Mas, é certo que ela quer ter alguns ganhos. Ela procurou o terapeuta para uma ajuda.

O terapeuta que pergunta "Em que posso te ajudar?" está se colocando na difícil posição de oferecer ajuda, quer dizer, o terapeuta é quem vai ajudar. Se ele modifica um pouco a sua pergunta para "Que ganhos você gostaria de ter?" ele inverte o papel de quem vai ter a carga de trabalho. Também fica feita a *indução* dos ganhos. Isso equivale a dizer que a pessoa vai ter ganhos, independente do trabalho do terapeuta, ou da ajuda que ele vai dar. E, quando a pessoa manifesta os ganhos que quer ter, o terapeuta já vai observando na fala dela as palavras que são do vocabulário dela. Ele pode observar que coisas, imagens mentais, conceitos, princípios, estão gravados naquele inconsciente.

O terapeuta pode observar que características de personalidade a pessoa manifesta: se se trata de uma pessoa mais voltada para dentro de si, se se trata de uma pessoa que fala se punindo, se se trata de uma pessoa depressiva, ou o contrário. Ele vai guardando esse material consigo para utilizar na indução do transe, como veremos mais adiante.

Ele pode fazer algumas perguntas que o auxiliem a perceber a pessoa, como por exemplo, para saber se ela é um tipo mais concentrado ou mais disperso, se é mais focalizada, se é mais organizada, como, por exemplo: "Se você for a um parque, que coisas lhe chamam a atenção?" A resposta nos pode mostrar uma pessoa que capta o mundo pela visão, ou pela audição, ou pelas sensações cinestésicas. E a pergunta pode variar de lugar, como por exemplo, um cinema, ou uma igreja, ou um ônibus, ou um *shopping*, todos lugares com muitos estímulos auditivos, visuais e cinestésicos.

De todos esses dados o terapeuta tira proveito. Tudo vai ser utilizado direta e indiretamente com o cliente. Não sei quanto tempo o terapeuta pode gastar para obter essas informações, pois isso varia de pessoa para pessoa. Mas posso garantir que a *indução* do transe hipnótico será somente para essa pessoa, não tendo valor para mais ninguém, pois só ela no mundo tem consigo essas características organizadas dessa forma.

O Dr. Milton H. Erickson fazia a terapia para cada pessoa, dizendo que não tinha sentido fazer a indução do transe de um cliente para outro cliente, pois eles não são iguais. Também as terapias não são iguais, pois não existem no mundo duas pessoas iguais, duas impressões digitais iguais.

Esse primeiro contato serve para coletar dados. E, mesmo sendo chamado de primeiro contato, pode, às vezes, durar vários encontros, até que se tenha uma boa percepção da pessoa.

Creio que a esta altura o amigo leitor está a se perguntar ou a me perguntar: e os problemas que a pessoa traz? Que faremos com a patologia ou com a queixa que a fez procurar psicoterapia ou hipnoterapia?

Acredito que todos nós temos um grande desejo de nos libertarmos de nossos problemas, de resolver nossas dificuldades. Para isso é que buscamos a psicoterapia. As pessoas não sabem, ou não acreditam que a solução de seus problemas, de suas dificuldades, está com elas mesmas. Elas já têm dentro de si os recursos de que precisam.

O terapeuta ouve a queixa e a guarda consigo. Ele vai precisar dela no momento da terapia, que estará embutida na *indução do transe hipnótico*. Ele não precisa preocupar-se com os problemas, com as dificuldades, com a doença, com a patologia que o cliente traz. Mas ele precisa ficar atento para os antídotos, para os remédios, para a cura, olho vivo na saúde. Para cada dificuldade apresentada pelo paciente, ele já vai pensando que coisa ou que coisas o paciente precisa fazer para ele mesmo encontrar dentro de si os recursos dos quais ele vai necessitar.

O terapeuta ouve o negativo e procura logo as coisas positivas que deveriam estar ocupando o lugar das coisas negativas.

Sabe-se muito bem, amigo leitor, nós dois sabemos, que quem enxerga e amplia as coisas positivas e deixa de lado ou diminui as coisas negativas não necessita de psicoterapia. O psicoterapeuta é esse acostumado, treinado a enxergar o positivo, seu e do outro. E, quando o outro não consegue ver, o terapeuta usa de artifícios ou estratégias para ajudá-lo a enxergar.

De posse dos dados, o terapeuta se prepara para a indução do transe hipnótico. E tudo começa com o sujeito fazendo um retorno para dentro de si mesmo, procurando ficar absorto consigo mesmo.

A *absorção* é o que veremos a seguir.

NOSSOS RELACIONAMENTOS

Quando minha filha tinha onze anos de idade, ela combinou com a mãe que, após as aulas, levaria algumas colegas para nosso apartamento para comer pizzas que elas mesmas fariam.

Minha mulher concordou e combinou com a empregada que deixasse prontos os discos de massa pré-assados, a mussarela ralada, o presunto picado e o molho na geladeira. Também foram providenciados os refrigerantes, na época, garrafas de vidro de refrigerante família.

Como os irmãos voltariam da escola mais tarde, minha mulher e eu estaríamos trabalhando em nosso consultório de Psicologia, o apartamento ficaria à disposição dela e das colegas.

Por volta das 17:45h, terminei meu trabalho na Clínica. Minha mulher pediu-me que fosse para casa, que nada precisaria ser feito, mas que eu ficasse em casa à disposição de minha filha e de suas colegas. Logo que ela terminasse o trabalho, também iria. Naquela época, já estávamos acostumados a ficar até mais tarde no consultório, estudando, depois das consultas. Os filhos, quando retornavam da escola, sabiam se cuidar e, pelo telefone, fazíamos o controle de como as coisas andavam.

Naquela tarde fui mais cedo para casa. Quando cheguei, já encontrei as colegas de minha filha assentadas à mesa, comendo e bebendo, rindo muito, alegres. Cumprimentei a todas e fiquei conhecendo as que não conhecia. O cheiro de pizza assando tomava conta de todo o apartamento. Uma delícia! Liguei a televisão e fiquei vendo o resto da novela, enquanto esperava os jornais da noite nos diversos canais de televisão. Fiquei distraído assim, alheio à farra das meninas.

De repente, um susto. Um grande estrondo na cozinha balançou todo o apartamento. Tremi, na sala de televisão, apreensivo com o grito de uma das colegas de minha filha. Aconteceu que, com a mão suja da gordura da pizza, ela foi pegar uma garrafa de refrigerante na geladeira. A garrafa escorregou e caiu no piso de granito. O grande barulho foi pela queda da garrafa e também pelo gás que se desprendeu do refrigerante. Espalharam-se cacos de vidro e refrigerante por toda a cozinha.

Quando cheguei lá, a jovem estava parada, muito assustada, e as outras assentadas à mesa, sem ação. Retirei a moça do lugar, com cuidado, para que não pisasse nos cacos de vidro e coloquei outra garrafa de refrigerante na mesa para elas.

Comecei o trabalho de limpeza. Catei todos os cacos de vidro, embrulhei em jornal, para não machucar a mão do lixeiro. Puxei todo o refrigerante com o rodo. Depois joguei detergente e água no chão, fazendo a limpeza mais grossa, deixando, para o dia seguinte, a limpeza mais delicada por conta da empregada.

Depois disso, voltei para a sala de televisão e fiquei pensando. Pensei no fato e em como agiria se fosse a minha filha que tivesse quebrado a garrafa. Talvez ralhasse severamente com ela, chamando-a de descuidada. Talvez lhe mandasse limpar tudo. Talvez prometesse algum castigo, mesmo na frente das colegas. Talvez até a agredisse fisicamente, mesmo na frente das colegas, para ela aprender a ter mais cuidado!!!

No entanto, como era uma estranha, eu agi daquela maneira. Limpei tudo, além de ter retirado a menina do lugar com muito carinho. Acho que disse a ela que não se preocupasse, que aquilo acontecia mesmo, que ficasse tranqüila, que eu estava lá para cuidar dessas coisas.

Pensei mais: pensei em como maltratamos as pessoas que amamos e tratamos bem os estranhos. A menina era filha de não sei quem. Nunca a vira na minha vida! E minha filha era sangue do meu sangue, carregando consigo genes que eu transmitira, tinha ainda o meu sobrenome, que eu mesmo pusera. Ela eu tratava com tanta grosseria e à sua colega, que eu nem conhecia, eu dava todo o meu carinho.

Foi então que eu comecei a prestar mais atenção a isso. E a partir daquele dia mesmo comecei a tratar com mais cuidado, com mais carinho e atenção meus filhos e minha mulher. Comecei a tratá-los como se fossem "os colegas", e minha mulher como se fosse "a mulher de um amigo", ou "a mulher do vizinho".

Hoje acho essas idéias um tanto engraçadas. Mas acho necessário colocá-las, porque recebo em meu consultório pais, mães que agridem fisicamente os filhos, as filhas. E fazem isso na presença de estranhos, sem perceber a humilhação e o dano que causam. Às vezes, andando por aí, vejo mães agredindo filhas, pais dando tapas no rosto de filhos, adolescentes. Parece-me que agem assim porque têm a idéia de que "nossos filhos são nossos, nossa mulher é nossa propriedade". Nós os possuímos, fazemos deles o que queremos, tratamos como bem entendemos. Desrespeitamos a individualidade, a independência e a autonomia. Acreditando que são nossos pertences, deixamos de cultivar laços de afeto e de ternura que mantemos com outras pessoas.

ENTRANDO EM TRANSE

Mantendo o olhar fixo no centro
aproxime-se ou afaste-se da imagem

Sentado confortavelmente, o cliente começa a experimentar o fenômeno da *absorção*. Convém entender que "sentado confortavelmente" significa, geralmente, com a coluna ereta, a cabeça em posição natural, com a nuca relaxada, os dois pés com as plantas tocando o chão e com as duas mãos pousadas sobre as coxas.

A *absorção* implica, no cliente, voltar-se mais e mais para dentro de si mesmo. O terapeuta faz sugestões que o cliente pode seguir, orientando sua volta para dentro. O terapeuta assume o comando do transe, e vai facilitando para o cliente a sua volta para dentro. Nessa hora, ele já pode utilizar o que observou na fala do cliente, o que observou na maneira como o cliente capta o mundo, e também suas dificuldades, apresentadas no momento da queixa. (Vide Capítulo *Fazendo Contato*, p. 67)

Um exemplo: um cliente que tenha falado, na primeira entrevista, que gostaria de ter ganhos, como um melhor relacionamento com os outros, e que tenha utilizado palavras como "dificuldade em fazer amizades", "relacionamento", "pessoas", "problema", entre outras, poderá ter uma sugestão de absorção, mais ou menos, da forma que se segue:

> Gostaria que você se assentasse da forma como eu estou assentado, com as mãos pousadas sobre as pernas, os pés tocando o chão, a coluna ereta, de uma forma que seja confortável para você e, enquanto você vai se ajeitando, seria bom que você aproveitasse para ir para dentro e, aproveitando esse momento para estabelecer um bom relacionamento, com você mesmo, solucionando problemas e aprendendo, confortavelmente, alguma coisa mais sobre você. Talvez você possa encontrar alguma forma nova de ir fazendo amizades e usufruindo da companhia das pessoas. E você pode... se voltar mais e mais para dentro; e, talvez, com os olhos fechados, fique mais agradável para você este contato com você mesmo... isso mesmo, voltando-se cada vez mais... mais e mais... para dentro, permitindo-se seguir aprendendo e desfrutando da própria aprendizagem... enquanto minha voz fica mais e mais presente, e você pode... procurar ir desfrutando de tudo que você pode... ir aprendendo saudavelmente e, enquanto a sua mente consciente se volta para dentro..., sua mente inconsciente pode ir encontrando formas novas de relacionamento,

> porque é muito prazeroso saber-se capaz de estar com as pessoas...

Se o cliente tiver dado mostras de ser uma pessoa, por exemplo, que capta o mundo pela visão, talvez a criação de imagens possa ajudá-lo a ficar mais absorto em si mesmo.

A seguir, temos uma possibilidade de continuidade de absorção, onde o cliente pode ter a oportunidade de, através de imagens, com as quais já sabe lidar, uma vez que a visão é o seu sentido predominante, voltar-se para dentro de si mais profundamente. Quanto mais ele se volta para dentro de si, mais ele permite a focalização do consciente e o aflorar da mente inconsciente:

> E..., enquanto você entra para dentro..., eu gostaria que você imaginasse um campo muito grande, gramado, de cor forte, com árvore próxima, com flores de variadas cores, o céu... e água corrente por perto... onde você pode deixar-se ficar, num ambiente calmo, seguro e confortável para você. Onde você possa soltar-se calmamente.... E você continua ouvindo minha voz, que se faz sua companheira.

Note que as palavras usadas pelo cliente foram colocadas na fala do terapeuta. Isso por ser um vocabulário ao qual a mente inconsciente do cliente já está habituada e reconhece. Observe também na fala do terapeuta poucas ordens diretas, respeitando a vontade do cliente e a consciência de que está apenas dando sugestões para o cliente fazer a sua *absorção*, o seu processo, a sua escolha.

Vale a pena ainda ressaltar a imagem criada. Por se tratar de um momento de *relax* físico, a imagem sugerida para o cliente é uma imagem de relaxamento, o que provocará, visivelmente, cá fora, um relaxamento. O terapeuta não necessitará de esforço para dar o passo seguinte, o da *ratificação do transe*, pois a imagem criada permite um bom relaxamento físico observável.

Gostaria de dizer, amigo leitor, que na fala do terapeuta foram colocadas palavras terapêuticas, que serão estudadas mais à frente (no Capítulo *A terapia ericksoniana - 2a. parte*, p. 171), de grande poder desencadeador de processos mentais e vitais. O Dr. Erickson era um mestre no uso de tais palavras, usando e abusando delas, de uma forma tal que, invariavelmente, levava seus clientes e outras pessoas, que tinham contato com ele, a tomar posições e atitudes diferentes em suas vidas.

Mais um ponto para o qual devemos chamar sua atenção, amigo leitor, é para o tom de voz. Logo que se começa a falar para o inconsciente, é importante mudar o tom da voz e falar mais pausadamente. Apesar de ter colocado as falas do terapeuta destacadas, não foi suficiente para ressaltar, mesmo usando reticências, que deve ser pausada, de forma diferente de quando se fala para a mente consciente. A mente inconsciente gosta de segredos e os segredos são ditos com uma voz cavernosa, mais baixa. Acresce ainda dizer que o cliente está entrando em transe, está saindo do estado consciente, está adormecendo o consciente e ele precisa de uma voz que o embale, que o leve ao sono e ao sono da mente consciente. *Hipnós* (do grego) não significa sono?

É a hora de embalar o cliente com a voz, fazendo um só tom no ritmo da fala, monotonia, que ajude o cliente a repousar a sua mente consciente.

Ele ouve a voz do terapeuta, forma imagens mentais, sua audição fica mais seletiva, impedindo que outros ruídos externos venham incomodá-lo. E não presta mais atenção cá fora... só se interessa pelo que se passa dentro de si. E isso ele quer mais que tudo.

Podemos perceber um forte sentimento de gratidão nas pessoas que são levadas ao transe hipnótico e que podem desfrutar de momentos tão ricos, de encontros tão íntimos consigo mesmas, que a vida rotineira, que o corre-corre do dia-a-dia não permite que ela tenha. E, melhor ainda, quando se tem uma ajuda que orienta a direção a se tomar.

> Voltando mais para dentro, você pode... ir desfrutando e usufruindo deste momento em que você vai aprendendo confortavelmente e saudavelmente sobre você mesmo, com sua mente protegida, saudável mente, confortável mente, protegida mente confortável, que lhe pode dar muito mais riqueza do que o homem pode acumular na terra. E você encontra a força que existe dentro de você, que o protege... protege...protege...

GAROTO ESPERTO

Uma das características mais marcantes da pessoa inteligente é a curiosidade. Depois existem outras, nós sabemos, amigo leitor, não tão fortes quanto a curiosidade, como a rapidez do pensamento, o raciocínio desenvolvido para deduções lógicas e, para as pessoas inteligentes que usam a inteligência que têm, a facilidade para encontrar solução para problema novo.

Algumas pessoas mais bem dotadas chegam a exagerar, encontrando várias soluções para um problema. Eu até já acreditava que não há problema sem solução, mas, depois de observar um pouco mais as habilidades que os seres humanos temos, já acredito que pode existir mais de uma solução para um único problema.

Você sabe muito bem o quanto é interessante uma criança de dois, três anos. Quanta graça e novidade ela apresenta na sua pureza, na sua singularidade de ver o mundo e nos seus contatos com as coisas! Assim é com todas as crianças, assim foi com meus filhos.

O fato que passo a relatar se deu com meu filho mais velho, por volta dessa idade interessante.

As pessoas, de maneira geral, aproximavam-se dele e gentilmente elogiavam sua graça, seu sorriso, seu cabelo, a vivacidade dos olhos, etc. Tanto por ele, quanto para agradar aos pais, por serem amigos e companheiros. Mas com meu filho acontecia muito. Moças, senhoras de todas as idades, praticamente todo mundo que chegava perto tinha um agrado especial para falar.

Minha mulher e eu resolvemos fazer uma brincadeira com os amigos, por intermédio de meu filho. Resolvemos que iríamos treiná-lo, ensinar (até onde fosse possível, é claro), para responder às pessoas. E, combinamos que, quando alguém dissesse a ele: "Que menino lindo!", ou alguma frase semelhante, de agrado, ele deveria responder: "Papai está fazendo para fora!"

Combinamos e partimos para o treinamento, minha mulher e eu. Explicamos para o meu filho, que nada entendeu. Resolvemos começar o ensinamento: minha mulher falava a frase e eu dizia a ele o que responder. Logo que ele respondia, ela o elogiava. Alternávamos no treino, eu falava, ela dava o caminho da resposta e eu elogiava. Ele sorria por ter acertado, ficava feliz. E nós, satisfeitos, continuávamos a brincadeira, tentando fazer com que meu filho memorizasse a resposta que deveria dar. Ficamos um bom tempo fazendo o exercício e, como ele não mostrava sinal de cansaço, continuávamos.

Tudo transcorria tranqüilamente. Treinamos e treinamos a resposta "Papai está fazendo para fora!", já imaginando o que seria quando alguém, provavelmente alguma tia, dissesse, "Que menino lindo!", e ouvisse um sonoro "Papai está fazendo para fora!", saindo da boca de uma criança, que não estaria entendendo bem o que falava. Achamos que já estava bom o treino. Falávamos para ele frases com muitas variações e ele, obedientemente, dava a resposta que queríamos, "Papai está fazendo para fora!", recebendo nossa aprovação em seguida. Explicamos novamente para ele a brincadeira, que, sério, ouvia. Não sabíamos mesmo o que ele estava entendendo disso tudo e já íamos parando, quando ele se vira para nós e fala:

– E eu, não vou fazer para fora, não?

A HIPNOSE CONTINUA

Se o cliente conseguiu ficar absorto por si mesmo, é hora de confirmar para ele que ele está em transe, ou que ele está entrando em transe. Essa confirmação, essa *ratificação* do transe permite que o cliente tenha uma noção de seu estado externo, dá segurança e aumenta a confiança no terapeuta. Este procedimento permite ao cliente aprofundar mais o seu transe.

Por aí já se pode ver como é importante uma *absorção* bem feita, com uma atenção bem focalizada e a pessoa voltada para o seu interno.

Para se confirmar o transe, ou estabelecer a ratificação do transe, é necessário que o terapeuta seja um observador dos sinais mínimos de transe que o cliente produz. A um só tempo o cliente emite uma gama variada de sinais, podendo haver um espaço de tempo entre um sinal e outro, posto que são todos eles involuntários e, por vezes, quase imperceptíveis a um espectador comum. Como as pessoas são diferentes, elas dão sinais diferentes e, possivelmente, em intervalos de tempo também diferentes.

Os sinais mais fáceis de serem observados são: *economia de movimentos, literalismo, demora para se iniciar uma resposta, mudança no reflexo de salivação e no reflexo de deglutição, diminuição na freqüência respiratória e, em conseqüência, na pulsação, nos batimentos cardíacos e na pressão sanguínea e, finalmente, relaxamento muscular.* Logo a seguir, passarei a explicar no que consiste cada um desses sinais. Mas há outros sinais que podem ser observados e que ocorrem simul-taneamente ou a seguir a todos os anteriores, variando logicamente de pessoa para pessoa: *mudança no comportamento ocular, incluindo mudanças nas pupilas, um acentuado tremor nas pálpebras, perda do foco ocular, apresentação de olhar fixo, quando em estado de transe, mudança na freqüência das piscadas, mudança no movimento de lado a lado dos olhos pela ação do nervo oculomotor e lacrimejar.*

Além desses sinais, podemos ainda observar *redução nos movimentos de orientação, um certo perseverar em relação a determinados movimentos, assimetria lateral direita/esquerda, fasciculações, aumento da responsividade e aumento na atividade ideomotora e ideo-sensória.*

O que é chamado de *economia de movimentos* é que a pessoa em estado de transe fica muito paralisada e, quando se movimenta, por exemplo, com a mão, vai devagar e por vezes com pequenos movimentos repentinos; se move a cabeça, ela tomba um pouco para um dos lados, como respondendo a imagens que estão acontecendo dentro de sua mente.

Por *literalismo*, entendemos como sendo compreensões ao "pé da letra", deixando de lado os aspectos conotativos que as palavras ou expressões trazem consigo dentro do âmbito da língua falada. Sabemos que algumas expressões têm vários significados, como, por exemplo, "estar com os pés no chão" pode significar estar pisando no solo e também estar agindo de acordo com a realidade, em oposição a "pisar nas nuvens"; "abrir mão" pode significar ficar com a mão aberta e, ao mesmo tempo, desapegar-se, deixar de fazer questão de alguma coisa. No transe, a pessoa pode agir literalmente. Os aspectos conotativos vão para o inconsciente.

Com as *mudanças no reflexo de deglutição*, a pessoa passa a engolir menos vezes a saliva, havendo um acúmulo da mesma na boca. Assim, quando engolida, esse ato se torna mais visível externamente do que quando a pessoa está no estado consciente.

Como ela fica com menos movimento, faz menor quantidade de esforço, ela respira mais calmamente, com menor intensidade. Em conseqüência, o sangue é bombeado mais suavemente para o cérebro e corre com menor pressão pelo corpo: *diminuem os batimentos cardíacos na sua freqüência e a pulsação também cai.*

Olhando-se atentamente para as pálpebras fechadas, pode-se ver uma *palpitação involuntária*, quer dizer, uma movimentação que não apresentamos conscientemente, pois está relacionada a um movimento dos olhos, obedecendo aos nervos oculares.

Algumas vezes, sem que a pessoa esteja chorando, vemos escorrer algumas lágrimas pelo canto interno ou pelo canto externo do olho. Acontece que, com os olhos fechados e fartamente irrigados, há uma pequena obstrução do canal lacrimal, que apara a água (lágrima) que irriga nossos olhos. Fechado esse canal, a lágrima sai suavemente pelo canto dos olhos, fenômeno que muitas vezes ocorre também quando estamos dormindo.

Olhando a face, os braços, o tronco, as pernas pode-se observar uma diferença entre o lado esquerdo e o lado direito da pessoa. Talvez, um ligeiro tombamento, um braço estendido um pouco mais que o outro, uma mão mais aberta e voltada mais para dentro da coxa, ou uma perna um pouco estendida, um pequeno confrangimento de um dos lados do rosto, ou lábio entreaberto.

O terapeuta irá dizer para o cliente o que ele observa, cuidadosamente, mantendo aquele tom de voz monótono, continuando a fazer o cliente adormecer com a música da própria voz. A conversa hipnótica poderia continuar mais ou menos da seguinte forma, dando prosseguimento à fala anterior do terapeuta (vide p. 90):

> E enquanto eu estive falando com você, eu pude observar que suas pálpebras se movem rapidamente e involuntariamente, que o ritmo de sua respiração mudou e que o fluxo de sua corrente sanguínea também ficou alterado; também o ritmo de sua pulsação se modificou e sua cabeça tombou levemente para o lado esquerdo, enquanto você continua a aprofundar mais e mais o seu transe, voltando-se mais e mais para dentro, pronto para aprender, com você mesmo, dessa riqueza interior que você traz com você. Suas mãos continuam pousadas sobre suas pernas e seus pés continuam tocando o chão, entretanto, suas pernas mudaram um pouco de posição e eu pude perceber que sua deglutição se modificou. Enquanto tudo isto se passa você vai mais e mais e mais e mais e mais aprofundando o seu transe, voltando-se mais e mais para dentro, preenchendo com amizade seu coração e buscando seguir e prosseguir aprendendo confortavelmente e saudavelmente com você

mesmo. E você pode deixar que sua mente inconsciente tome conta, porque você não precisa fazer nada para isso. Apenas você se volta mais para dentro...

O CAMINHO DO BOI

Esta história eu ouvi de um professor meu, quando eu era ainda aluno de Faculdade.

Quando a gente ouve a frase certa, a palavra certa, a anedota certa, o ditado certo, o provérbio certo na hora certa, há um resultado. Esta história operou em mim uma grande mudança. Como se as histórias, os provérbios e as anedotas tivessem o poder de mudar alguém... a transformação estava prontinha dentro de mim, aguardando apenas o elemento externo que fizesse sentido, para que eu começasse comigo mesmo o trabalho terapêutico da minha mudança.

Há muitos e muitos anos, no tempo em que a comunicação entre as gentes era muito difícil, havia, numa região, uma cidadezinha cujos habitantes não conheciam nenhuma outra cidade, aldeia ou povoado por perto. Viviam isolados de tudo e de todos. Por isso mesmo, tinham a sua agricultura, a sua educação, a sua política, a sua pecuária, os seus costumes, a sua economia, o seu sistema financeiro. Por não conhecerem ninguém ali por perto, eles se bastavam, eram auto-suficientes em tudo.

Numa tarde, quando os vaqueiros estavam recolhendo o gado, viram que estava faltando uma rês. Contaram novamente todo o gado antes de trancar o curral, conferiram e se certificaram de que faltava mesmo um boi.

Puseram-se a procurá-lo. Foram seguindo as pegadas do gado, por onde haviam passado; depois, os lugares onde o boi poderia ter-se desgarrado do resto. E foram seguindo, mato pisado ali, pegada de boi por aqui, galho quebrado de cá, até que encontraram uma trilha de um boi só.

Caminharam pela trilha, tortuosa, muito cheia de curvas, vai e vem, embrenharam-se pelo mato, passaram por clareira, deram volta e, ao final de algum tempo, chegaram a um povoado. Com certeza o boi estava lá.

Chegaram olhando muito e foram logo perguntando pelo boi. As pessoas indicaram onde estava, contaram que notaram a presença do animal e que não sabiam como ele tinha ido parar lá. Logo ficaram amigos e falaram da surpresa de verem outra cidade. A surpresa foi recíproca. Pegaram o boi, agradeceram, prometeram voltar e se retiraram satisfeitos por terem encontrado o que procuravam e por terem encontrado o que não procuravam.

Ao retornarem, fizeram o mesmo caminho que haviam feito na ida. Trilharam o caminho que o boi fizera, era mais seguro, não se perderiam no matagal e economizariam tempo, não tendo que abrir caminho novo.

Quando contaram em sua cidade o que haviam encontrado, todos ficaram surpresos e contentes. Logo organizaram uma caravana para ir visitar os "novos" vizinhos. De manhã bem cedinho, saíram e foram conhecer a nova cidadezinha próxima. Tão próxima e desconhecida. Fizeram o mesmo caminho que o boi e os vaqueiros haviam trilhado. Na visita, receberam a promessa do pagamento da cortesia e, logo no dia seguinte vieram os novos amigos. A trilha aberta pelo boi foi ficando marcada, mato bem pisado, terra batida socada pelos passos firmes. E o intercâmbio entre as duas cidades foi aumentando.

Um dia, os dois prefeitos se encontraram e propuseram passar uma patrola para acertar a estrada. Deram uma melhorada no caminho aberto pelo boi. Com o aumento das transações entre as duas cidades, logo eles voltaram a se encontrar e planejaram asfaltar a pista.

Pois asfaltaram mesmo. O caminho do boi estava ficando bonito, apesar de sinuoso e extenso.

O tempo foi passando e sempre iam melhorando, cuidando e aperfeiçoando cada vez mais aquela estrada. Floriram com lindas flores de cores diferentes. Empregaram jardineiros que cuidavam da vegetação em volta das margens do caminho. Cada novo prefeito logo se preocupava em dar manutenção, trocando as lâmpadas queimadas ao longo do caminho, renovando o asfalto, fazendo as necessárias marcas de faixas da pista...

E ninguém havia pensado em construir uma estrada reta, direta e que mais rapidamente estabelecesse a comunicação entre as duas cidades. Todo mundo vivia seguindo o caminho do boi.

APROFUNDANDO O TRANSE

Embora a *ratificação* tenha ajudado o cliente a se voltar mais para dentro de si, a ficar mais seguro de que está mesmo conseguindo entrar em transe, faz-se necessária uma volta à *absorção*. E depois, novamente uma volta à *ratificação*.

Vendo as fitas deixadas pelo Dr. Erickson, podemos observar que ele fazia a *absorção* de várias maneiras diferentes, com um mesmo paciente, como se brincasse de fazer *absorção* variada. *Ratificava* o transe para o indivíduo e novamente retornava à *absorção*. Voltava novamente a ratificar e mesmo depois, quando já eliciava *responsividade*, já preparando para entrar com terapia, voltava à *absorção*. Tenho para mim que a *absorção* é a parte mais importante do *transe hipnótico*. Creio que uma *absorção* bem feita é que leva o indivíduo a uma boa *responsividade*.

Pelo que você pôde observar, amigo leitor, somente podemos entrar com psicoterapia quando eliciamos *responsividade*. Antes, estamos falando ao consciente, provavelmente. Para se falar ao inconsciente, você já sabe, amigo leitor, é necessário que a mente consciente esteja distraída, esteja ocupada com outra coisa, com o próprio indivíduo.

Agora o terapeuta pode voltar a falar com o seu cliente sobre outras coisas, buscando enfatizar a *absorção*. Se a absorção foi feita por imagem, talvez possa variar com *levitação de mão*, ou com alguma anedota, ou utilizando a memória, ou com alguma regressão de idade. E novamente sugerindo ao cliente que se volte cada vez mais para dentro, aprofundando mais e mais o seu transe. Ao mesmo tempo, o terapeuta vai observando cá fora o que está ocorrendo para poder, depois, *ratificar* o transe para o cliente. Ele escolhe a forma de continuar a *absorção*, ele faz a *absorção* e continua seu trabalho de observador.

Um aprofundamento de um *transe* hipnótico terapêutico bem-feito poderá produzir excelentes resultados. Quando o terapeuta trabalha bem sua observação, vai olhando os movimentos involuntários que o cliente apresenta, as informações externas dadas pelo cliente, utilizando o que pode ser aproveitado, executando com segurança seu trabalho, com certeza vai produzir uma belíssima oportunidade de crescimento.

Estará preparado o campo, a terra adubada, umedecida, pronta para receber a semente...

A IDADE DO HOMEM

Numa de minhas visitas à cidade de Ponte Nova para encontrar familiares, saí andando a pé pelas ruas. Como gosto de conversar com pessoas mais velhas e mais simples nas cidades que visito, parei para conversar com um velhinho, cabeça branquinha, assentado em uma pedra grande bem próxima de uma pequena mercearia. Parecia aproveitar do sol morno da manhã. As pessoas que sabem o que é bom para elas procuram tirar proveito disto. Logo fui puxando conversa e, naturalmente, sendo observado e respondido. O velhinho era mesmo falador.

Contou-me inicialmente de sua aposentadoria. Trabalhara muitos anos no canavial, queimando e cortando canas; depois, no engenho, fabricando açúcar. Como não era costume documentar as pessoas, nem sabia que tinha direito à aposentadoria. Enquanto falava, passava sistematicamente a mão pela cabeça. Cabelos encarapinhados, ralos, descobrindo a brilhante careca negra. As mãos eram muito secas, encarquilhadas e grossas, muito grossas. Pensei no trabalho pesado da lavoura, no perigo de se colocar o fogo na cana-de-açúcar, antes da colheita, deixando alguém esquecido lá dentro, com dificuldades para sair de dentro do fogo e, fatalmente, morrendo. Coisas assim que ele ia me contando, dizendo que já vira pessoas urinando sangue, antes do encontro com a "derradeira".

Ouvindo tanta história e vendo um homem olhando para o seu passado, sem nenhum medo de tirar a roupa para um desconhecido, perguntei-lhe a sua idade. Quis saber com quantos anos envelhece um homem naquele trabalho, que leva tão pouco tempo para estar carcomido e torrado pelo sol, calos nas mãos e os pés rachados.

Ele não sabia ao certo a sua idade. Achava que já vivera mais de noventa anos, mas não contara a idade. Já enterrara mulher e dois filhos. Outros cinco estão por aí, não se sabe por onde. Uma filha esteve internada faz pouco, na Santa Casa, lá em Belo Horizonte. Arrisquei perguntar então quantos anos ele achava que tinha, não os que vivera de verdade, mas os de sua disposição, os anos que aparentava por dentro.

Considerou-me com os olhos, demoradamente. Olhou um pouco para o chão e começou a responder sem olhar para mim, como se voltasse mesmo para o seu mundo interior. Falou primeiro que as crianças, parece, nascem para brincar e não sabem que esse é o seu ofício aqui na terra. Que só de se movimentar de um lado para o outro fazem o exercício de que precisam para crescer. Ninguém deve mexer com criança, para não atrapalhar o seu crescimento. Elas têm que correr, pular, jogar bola, pular corda, saltar do barranco, comer e dormir. Ser criança é não ter que pensar na vida e ir vivendo, porque quem pensa na vida, está parado. Para viver não se pode controlar a vida. Viver é fazer as coisas. E criança gosta de fazer o que gosta. Adulto faz o que não gosta. Mas criança é como animal: se gosta, gosta, se não gosta, não gosta. E sabe se ocupar com as coisas. Se adulto entra no meio, atrapalha tudo. Depois vem a juventude e a vontade de casar, ter outras responsabilidades de homem e, quando a gente observa, a vida já passou rapidinho.

Perguntei se ele tinha a sensação de que a vida dele havia passado. Ele novamente fixou o chão, pensativo. A vida não havia passado, ele estava ali. Mas ele não se dava conta de muitas coisas que haviam acontecido na sua vida.

Sabia que já estava avô e até bisavô, mas não se lembrava de quando foi que nasceram os netos, os filhos. Sabia que se casara, mas não se lembrava de como fora, nem dos anos de casado. Sabia que a mulher morrera, mas não se lembrava de como fora a morte. Olhava para trás, na vida, sabia que havia muitos anos passados, mas não conseguia mesmo avaliar o quanto. Depois de algum tempo, voltou-se para mim, que ainda esperava resposta e filosofou sobre a sua experiência de vida, otimista com relação ao futuro, dizendo que cada homem tem a idade que acha que tem.

Ele se sentia forte o bastante para caminhar, comer de tudo e beber um pouco de cachaça. Fora acostumado assim, tão acostumado que fazia as coisas sem pensar no que fazia. Era capaz de fazer muita coisa de olhos fechados, até dormindo. Sentia-se com muita coragem, muito mais do que quando era jovem, já não tinha medo de nada. Mas a idade dele, ele, sinceramente, não sabia qual era.

E, ainda vago, sem querer muito conversar sobre, mas querendo prender-se ao conteúdo, arrematou nossa conversa filosofal, levantando-se meio curvo, falando mais para si do que para mim, que o maior medo de todo mundo é a morte. Essa ele não temia, já que a havia visto de perto várias vezes e ela não era tão assustadora assim... o homem precisa dela durante toda a sua vida, precisa sempre morrer um pouco a cada dia para nascer novo a cada dia, convivendo com o novo e sempre ocupado, como as crianças e os animais...

A RESPONSIVIDADE

As pessoas respondem enquanto estão hipnotizadas ou em estado de transe. As respostas mais importantes não são as respostas verbais, mas as respostas não-verbais. São as respostas que não são dadas com palavras, mas com o próprio corpo, com as ações, o que se faz.

As pessoas podem responder, quando fora do estado de transe, conscientemente, a qualquer coisa que perguntamos ou sugerimos. Podem também dar respostas verbais e não-verbais. Podem responder a sugestões diretas e a sugestões indiretas. Mas respondem a tudo, geralmente, com a própria vontade. Respondem porque querem, melhor dizendo.

Quando estão em estado de *transe*, as respostas não são mais a vontade do consciente, mas do inconsciente. Ele sabe o que está sendo perguntado ou sugerido, e atua respondendo. Se ele responde cá fora, ele responde também lá dentro. Isto pode significar para nós que, não sabendo o que se passa dentro da mente da pessoa, temos alguns elementos externos que nos dão a informação de que alguma coisa está se processando lá dentro.

A pessoa responsiva em estado de transe ou hipnotizada está pronta para receber a psicoterapia. É muito importante *eliciar a responsividade* antes de entrar com a psicoterapia. As respostas nos indicam que a pessoa está com o inconsciente pronto para receber as mensagens que irão ser passadas.

Enquanto a mente consciente trabalha para prestar atenção nas palavras e nos seus significados, a mente inconsciente constrói respostas que se manifestam no próprio corpo. Uma maneira de se comunicar em estado de *transe.*

GENTE BOA

Existem pessoas que precisam mesmo de uma psicoterapia. A gente vê por aí uns recomendando para os outros. São pessoas com dificuldades generalizadas. Às vezes, são pessoas que sofrem muito, pelejando para se ajustar às exigências da sociedade, dos grupos. Querem ser mais magras, para serem felizes; ou querem ser menos agressivas e ser mais simpáticas; ou querem ter um maior controle sobre si mesmas; ou querem desfrutar melhor da vida; ou estão em relacionamento difícil com os pais, com os irmãos, com os filhos, com o marido ou esposa. Outros estão sempre se indispondo no trabalho, não conseguem arrumar namorado ou se casar. Outros vivem em depressão constante, prestes ao suicídio ou não enxergam outra coisa que não seja a miséria humana.

Se se pergunta a um psicólogo se uma pessoa precisa de psicoterapia, geralmente ele vai dizer que sim. Se se solicita uma avaliação, um psicodiagnóstico, a pessoa provavelmente será encaminhada a uma psicoterapia logo após o resultado.

Segundo me parece, eles estão realmente necessitando de uma psicoterapia, uma ajuda para melhorar ou se ajustar melhor naquilo que querem ou precisam.

Existem também pessoas que não precisam de psicoterapia. São pessoas naturalmente felizes, com um bom nível de relação com os outros, sabem o que querem e do que precisam, cuidam bem de si mesmas e dos outros a sua volta, respeitam-se e aos outros, vivem desfrutando das coisas boas que a vida oferece.

Não faz muito tempo, encontrei uma pessoa assim. E como ela já estava se sentindo bem pertinho da morte, perguntei-lhe se ela queria morrer. Com um humor muito sábio ela me respondeu: "Por mim, eu vivia a vida toda!"

Contando isso para alguns amigos, eles logo se questionaram: "O que ela tem que eu não tenho?"

Comecei a conversar com eles sobre a vida que aquela pessoa tivera, o tipo de pessoa que era e como agia. Juntos, vimos que era uma pessoa que sempre procurava encontrar o lado positivo das coisas e das pessoas. E logo que encontrava esse lado, ela o exagerava, enfatizava. Prestava muita atenção a tudo, preocupada constantemente em encontrar as coisas positivas. Vimos também que ela não era uma boba: enxergava também as coisas negativas. Mas a diferença é que seu olhar não se detinha nelas, passava rapidamente para outra coisa, desvalorizando, minimizando cada vez mais o aspecto negativo das coisas e das pessoas. A partir daí, alguns colegas e eu utilizamos como critério de avaliação esses aspectos positivos. Serve para determinar se uma pessoa necessita ou não de psicoterapia.

A gente faz algumas perguntas para a pessoa, perguntas vagas, sobre coisas que faz, o que gosta de fazer, com quem e sobre as pessoas que, supostamente, seriam significativas para ela. Por exemplo, fale-me de seu pai, ou de sua mãe, ou de sua esposa, ou de seu marido, ou de seu filho. Ficamos observando o tanto que ela coloca de qualidades e o tanto que ela coloca de defeitos nas pessoas.

Quando perguntamos sobre como ela passa o dia, ficamos observando o tanto de coisas de que gosta e que faz. Observamos o quanto ela procura e recebe pessoas. Se se encontra prazer em fazer essas coisas na vida.

Com isso temos um critério que, apesar de um tanto subjetivo, também tem sua parcela de cientificidade. O que falta de científico, ao que nos parece, é a confirmação da experiência, com dados que possam ser verificáveis.

Mas, em termos práticos, a nossa observação já nos tem levado a acreditar que quem coloca ênfase no positivo e minimiza o negativo vive mais feliz e faz os outros mais felizes também. Gente boa.

ELICIANDO A RESPONSIVIDADE

Eliciar significa "fazer sair". Para se eliciar a responsividade, quer dizer, para se fazer sair a resposta de dentro do sujeito, uma vez que estamos trabalhando com o transe hipnótico de dentro para fora, será necessário que o inconsciente dê a resposta. Ora, para que dê a resposta, ele precisa ser estimulado.

Estimulamos o inconsciente de uma pessoa quando mostramos a ela coisas que ele já conhece. Sabemos que ele já conhece, porque a pessoa já nos falou de coisas dela, que nós guardamos no início. (Veja Fazendo Contato, p. 67).

Estou me lembrando de uma indução de transe feita pelo Dr. Erickson em que ele fala para a paciente: "Você já viu a mão de seu marido se levantar e se abaixar muitas vezes. E você sabe que isto não requer esforço algum." Com esta fala ele provoca o inconsciente, estimula. E ela, que está em transe, responde com a suave levitação de mão.

Convém ressaltar nesse momento que a levitação de mão em estado de transe se dá de maneira completamente diferente do levantamento de braço fora do estado de transe. Simplesmente porque não conseguimos, a nível consciente, o que somos capazes de realizar por ação do inconsciente.

Portanto, se você sugerir a uma pessoa que está aparentemente absorta e, aparentemente, em estado de transe, mas que na realidade não está em transe, que ela levante a mão, você poderá observar que ela não levanta a mão, ou que ela pode fingir o estado de transe e levantar a mão. Entretanto, esse levantamento será diferente no seu ritmo, no seu movimento, nos seus impulsos, nos pequenos arrancos que ela dará para levantar o braço. Isso pode significar também que ela está cooperando, que ela quer muito ajudar. Mas a pessoa que está em transe, com uma *absorção* bem-feita, fica muito surpresa por perceber, quando percebe, que sua mão está levitando e ela não precisa fazer nenhum esforço para isso.

Para eliciar a responsividade, o terapeuta necessitará de cuidados especiais com sua fala e sua observação prévia. Porque existem muitas maneiras de se fazer sair respostas de dentro do cliente, o terapeuta precisa de escolher que respostas ele quer obter. Depois, ele precisa também saber que elementos ele vai utilizar para fazer sair a resposta.

Se se falar em coisas que tremulam, como uma bandeira hasteada; se se falar de um balanço leve de uma folha carregada pela ventania; se se falar de um copo com água colocado em algum móvel se movendo; se se falar de uma panela com água fervendo; se se falar do movimento das ondas do mar, talvez você possa observar um ou mais de um dos dedos da pessoa com um leve movimento ou tremulando. É que a pessoa já tem em seu inconsciente guardada a idéia deste tipo de movimento e ideomotoramente ela responde com o movimento do dedo da mão.

Por aí um terapeuta criativo vai procurar elementos que são da pessoa, que têm sentido para ela, para sugerir ao inconsciente a resposta que ele pode dar.

Algumas vezes, o Dr. Erickson fez com que algumas pessoas entrassem em transe, simplesmente mandando que elas observassem o rosto de outra pessoa que estava entrando em transe. Na fala dele, de uma só vez, ele já atingia as duas pessoas e já as preparava para a resposta inconsciente. Por exemplo, ele se voltava para uma pessoa e dizia a ela que ela fixasse um ponto em determinado lugar onde estavam; pedia à outra pessoa que observasse o rosto da primeira, enquanto ela entrava em transe. Ao fazer isso, indiretamente ele já estava dizendo à primeira pessoa que ela entraria em transe. E, também indiretamente, ele estava comunicando à segunda pessoa como entrar em transe. Se ele observasse bem o rosto da outra, ele ficava absorto, talvez, meio sem-querer, fechasse os olhos e, quando o Dr. Erickson ratificasse para ele o que estava ocorrendo com ele, já se preparava para responder, tão logo sua responsividade fosse eliciada.

Outra maneira de eliciar responsividade é respirar profundamente e verificar a respiração da outra pessoa. Geralmente, em estado de transe, a pessoa respira profundamente também, acompanhando a respiração da primeira, sem que fosse solicitado a ela claramente que ela respirasse daquela maneira e naquele momento.

Quando em estado de transe, as pessoas respondem sem saber que estão respondendo. Lembro-me de ter participado de um grupo de estudos onde um colega foi colocado em transe. O transe foi aprofundado e a responsividade foi eliciada. A tudo ele respondeu perfeitamente. Então, foi trabalhado com psicoterapia, pois houve responsividade. No final, foi feito o despertar. E ele despertou, espreguiçou e olhou-nos um pouco surpreso. Perguntamos a ele se ele havia entrado em transe. Respondeu-nos que não, pois havia dormido. Nós o deixamos um tanto embaraçado, quando dissemos a ele se alguma vez, dormindo, ele acordou quando alguém que estava conversando com ele disse a ele que despertasse, sem mudar o timbre, o ritmo e o volume da voz. Acabou por achar que esteve mesmo em transe...

UMA CRUZ NO CÉU

Não sei quantas vezes ouvi esta história. Mas nunca a vi escrita por ninguém. Existem histórias que são assim mesmo, meio sem dono, ficam proverbiais e costumam trazer uma mensagem simples e verdadeira ao mesmo tempo.

Uma pessoa que sofria muito aqui na terra, durante muito tempo de sua vida, depois de uma longa doença, morreu. E, como acontece com os que sofrem muito aqui na terra, ela foi logo levada ao céu. Não poderia ser diferente, pois a crença geral é a de que as pessoas vêm ao mundo é para sofrer. Creio que isso foi inventado por pessoas que não eram capazes de lutar pela própria felicidade nem sabiam que elas mesmas eram as responsáveis pela felicidade delas. Ninguém veio a esse mundo para fazer os outros felizes, mas se veio para ser feliz, boa escolha, que lute por isso. E parece também que aquela pessoa não devia saber que as pessoas escolhem ser felizes ou ser infelizes. Lá foi ela para o céu com a sua escolha.

Na entrada do céu, encontrou-se com São Pedro. Tinha que ser com ele mesmo, chaveiro do céu, porteiro do céu, recepcionista. E São Pedro, sorridente, mandou-a logo entrar, reconhecendo-a como a sofredora aqui da terra. E para mostrar que a conhecia mesmo, identificou-a pelo tanto que sofrera na terra. Disse a ela que poderia entrar, que agora desfrutasse do gozo do paraíso, pois era para isso mesmo que existia o paraíso. Que ela visse de que ela gostava, que coisas gostava realmente de fazer e, agora, fizesse. Aproveitasse ao máximo, fazendo sentir-se bem, porque lá, o céu, era o lugar próprio para as pessoas se sentirem sempre bem.

Tudo conversado, São Pedro fez então a única exigência para os que entram no céu: ela devia entrar na ante-sala e escolher uma cruz, de qualquer tamanho, do jeito que ela quisesse e levá-la consigo pelo céu adentro. Para ela essa tarefa era fácil. Durante toda a sua vida de sofrimento, levara consigo não se sabe quantas cruzes. Padecera de todas as maneiras possíveis e sempre aceitara com muita resignação seu sofrimento. Nunca lhe haviam ensinado que ela podia mudar sua vida e fazer diferente. Desde pequena ouvira frases como "a vida é uma provação", "duro ofício é viver", "o sofrimento é um prêmio dos deuses", entre outras.

Na ante-sala havia cruzes de todos os tamanhos e para todos os gostos. Havia armários cheios de cruzes, gavetas com cruzes de diversos tamanhos, cruzes penduradas nas paredes, cruzes espalhadas pelo chão. Cruzes em profusão. Ela pensou um pouco e timidamente remexeu na menor gaveta que havia na ante-sala. Lá dentro, escolheu uma cruz bem pequena, como dessas que vêm presas nos terços, leves, sem o Cristo pregado. Ainda timidamente apresentou-a a São Pedro, perguntando se poderia levar aquela para o céu adentro. São Pedro, sempre bonachão, concordou prontamente, demonstrando sua surpresa com os olhos arregalados e a testa franzida. Ela perguntou a razão da surpresa do santo, se aquela cruz estava aprovada. São Pedro prontamente respondeu que estava realmente surpreso por ver que ela escolhera uma cruz igualzinha a que carregara na terra durante toda sua vida...

RECURSOS INTERNOS

A terapia ericksoniana tem por base atingir esses dois objetivos: primeiro, eliciar a *responsividade* e, segundo, acessar os *recursos* internos de cada pessoa.

Isto faz com que distingamos a terapia ericksoniana de todas as outras abordagens. Dentre todas que estudei, começando pela Psicanálise, não encontrei, em nenhuma delas, características tão individualizadoras e voltadas para a saúde quanto essa forma ericksoniana de ver o ser humano. Poder-se-ia dizer que os terapeutas comportamentais individualizam a psicoterapia, quando pesquisam os reforços que servem para cada sujeito; poder-se-ia dizer também que os que trabalham com a abordagem Centrada na Pessoa, quando fazem a reflexão para o indivíduo, o fazem rigidamente voltados para o que o sujeito trouxe; também a interpretação psicanalítica é construída a partir dos dados e das vivências trazidas pelo paciente. E assim todas as abordagens seriam individualizadoras.

A abordagem ericksoniana não é somente individualizadora. Se observamos o papel dos terapeutas em outras abordagens, podemos facilmente verificar o quanto eles são os responsáveis pelo crescimento, ou não, de seus clientes. Eles atuam de fora para dentro e suas mensagens funcionam abrindo a cabeça de seus clientes, fazendo-os pensar, em busca do *insight* ou do treinamento até que se crie o hábito (comportamental).

A terapia ericksoniana é única para um único cliente e é toda ela construída para as necessidades e situações vividas por aquele sujeito. A crença fundamental é a de que as pessoas têm dentro de si os tesouros que podem ajudá-la. Cabe ao terapeuta eliciar esses recursos, fazendo com que o que está guardado no inconsciente possa vir em socorro e permitir ao cliente um redimensionamento, uma nova direção e uma nova definição de suas dificuldades, voltada para uma visão positiva.

É muito curioso agora podermos afirmar que a hipnose não é um elemento de cura, a hipnose não é terapia. De que serve então a hipnose? Ela é um poderoso veículo transmissor de idéias. E também um poderoso veículo para acessar os recursos internos que as pessoas trazem dentro de si mesmas.

Eu não poderia dizer agora que recursos são esses, pois eu não sei o que cada pessoa traz dentro de si. Algumas pessoas trazem força, outras trazem a capacidade de amar, outras trazem o poder de perdoar, inclusive e principalmente a si mesmas, outras trazem dons que não imaginamos que poderiam estar guardados e não utilizados, deixando que a pessoa sofra tanto, como a inteligência, a esperteza, a esperança, a organização.

Eu não posso nem preciso dizer a uma pessoa que ela tem esse ou aquele recurso. Aliás, eu nem sei que recursos ela tem. Mas eu posso, e estou consciente de que posso, por meio da hipnose, possibilitar que a pessoa encontre dentro de si seus próprios recursos. E prossiga utilizando em proveito próprio em sua vida.

O ANEL

Eu cheguei a ter alguns encontros com o casal. Eram novos e não tinham filhos. Estavam mesmo decididos pela separação e, como não havia nada que eu pudesse fazer, servi apenas de ouvinte para suas queixas e, observando silenciosamente, pude perceber que tinham objetivos diferentes na vida, gostavam de coisas diferentes e não incluíam um ao outro em suas programações. O rapaz vinculou-se a mim, mais pelo que ouvira falar de mim do que pelo que pudera viver comigo em sala de psicoterapia. Aproveitei-me da admiração gratuita e procurei ampará-lo durante o processo de separação. Afinal de contas, ele já dera conta de outras coisas duras na sua vida e uma separação conjugal, especialmente quando não houve um casamento de verdade, não o derrubaria para sempre.

Hoje eu já chego a afirmar que ele aproveitou bem da sua hipnose. Nas primeiras sessões ele saía muito pensativo, sem saber direito o que havia acontecido com ele. Nas sessões seguintes, comentava que alguma coisa estava mudando com ele, mas não sabia exatamente o que era que o fazia mudar. Sentia-se melhor e agora, já separado, trazia um sentimento diferente em relação à ex-esposa. Achou que podia viver sem psicoterapia e foi-se embora.

Passados exatos oito meses, ele me procurou novamente. Não queria terapia, queria apenas contar-me o desenrolar de sua novela que havia tido um final feliz, diferente dos finais felizes das novelas de cinema e televisão. Disse-me que pensara muito em seu relacionamento com sua ex-esposa, as coisas que fizeram juntos, poucas, mas boas, o que chegou a ganhar com aquele relacionamento e o quanto ganhou na convivência com ela.

Uma tarde, saindo do trabalho, procurou uma joalheria e comprou um anel de brilhantes. Caro, muito caro, segundo ele. Bonito, muito bonito, segundo ele. Comprou um cartão e escreveu para a ex-mulher:

> "Nosso encontro nesta vida não foi em vão. Você não passou em branco na minha vida, sempre me lembrarei de você. Gostaria que você usasse esse anel e que se lembrasse de que alguma coisa boa aconteceu na sua vida. Você pode, no futuro, esquecer o meu nome e a mim, mas pense nas coisas boas que vivemos juntos. O anel lhe ajudará.
>
> S."

Algum tempo depois fui procurado por ela. Um tanto curioso e um tanto observador, procurei ver o anel em seu dedo. Já estava com outro homem. Queria agora uma ajuda para si, para poder estabelecer relações mais duradouras em sua vida, preparando-se para uma gravidez. Trazia o anel de brilhantes consigo.

A TERAPIA ERICKSONIANA

1ª PARTE

Se o amigo leitor já observou, a terapia ericksoniana se baseia em eliciar a *responsividade* e eliciar os *recursos* internos do paciente. Didaticamente e para melhor memorização, alguns estudiosos da arte do Dr. Erickson dizem que a terapia se baseia em "2R". Mas existem também os "3M" da terapia ericksoniana.

O primeiro "M" consiste em *motivar* o cliente. Observando o trabalho do Dr. Erickson, podemos ver que ele se preocupava em estabelecer um *rapport* com o cliente.

No contato inicial ele verificava quem era a pessoa. Um olhar de cima a baixo, olho no olho para ver a direção do olhar, procurando sentir a pessoa, percebê-la em seus movimentos. O tom de voz, o que diz e como diz também são importantes. E ao mesmo tempo, uma busca de empatia, procurando não prejulgar a pessoa, permitindo que ela seja como é, sem críticas, sem comentário, sem censuras. Dá-nos a impressão de que a idéia é receber o outro.

Logo nessa fase já é buscado identificar os objetivos. Saber claramente o que a pessoa busca, o que quer, de que precisa. O terapeuta também já vai estabelecendo para si que comunicação quer fazer, que coisas tem a dizer a esse cliente. Começa assim a construir expectativas do cliente em relação a ele mesmo e a verificar os interesses que o movem para frente.

O terapeuta já começa a utilizar aquilo que o cliente traz, sua bagagem, sua história, seu vocabulário, suas expressões. Presta muita atenção para poder dar início à indução do transe. Ele trabalha com tudo o que o cliente traz.

E enquanto vai motivando, aproveitando o material que o cliente conhece, vai aproveitando para fazer a dissociação entre mente consciente e mente inconsciente. Essa dissociação é muito importante, para que o cliente possa se ocupar da mente consciente, deixando livre a passagem para a mente inconsciente. O inconsciente aflora suavemente, à medida que o consciente focaliza a parte interna do cliente.

E dessa forma, enquanto sua mente consciente se volta para dentro e se preocupa com as coisas do momento, sua mente inconsciente faz todo o trabalho de aprendizagem que é necessário nesse momento.

Outrora a mente consciente captava o que interessa e processava a automatização através da repetição, e agora a mente inconsciente traz todo o material de volta, escolhe o que precisa ser aproveitado e joga fora o que não mais necessita. Como alguém que resolvesse fazer uma limpeza em seu armário e vai encontrando coisas de que já se havia esquecido. Encontra coisas que ganhou, coisas que comprou, coisas que achou e guardou e, agora, na arrumação, vai recompondo tudo. Algumas peças são jogadas fora, outras são rearranjadas e talvez, até, dispostas de maneiras diferentes para serem usadas.

Quando encontra alguma resistência, o terapeuta procura fragmentá-la, dividi-la em partes para facilitar seu trabalho. Outras vezes, anula a resistência com alguma idéia mais poderosa.

O Dr. Erickson utilizava, com grande maestria, a técnica da confusão. A técnica da confusão permite mudar a cognição e, com isso, muda também as crenças. Mudando-se as crenças, muda-se o afeto e, conseqüentemente, o comportamento.

Tudo isto é trabalhado dentro da motivação do cliente.

SUBIDA AO PODIUM

Ainda não tínhamos completado 18 anos, quando fomos, pela primeira vez, visitar a cidade de Santos. Depois de conhecer o centro da cidade, passear pelas praias do Gonzaga e de Zé Menino, fomos visitar o campo do Santos Futebol Clube, em Vila Belmiro. Foi uma visita realmente sensacional. Éramos oito estudantes, ávidos de conhecer as cidades, os costumes, as gentes. Todos nós éramos fanáticos por futebol. E, na época, o Santos de Pelé era a grande atração.

Chegamos ao estádio por volta das 18h30. O porteiro, muito jeitoso, deixou que nós entrássemos para ver o campo e, pasme, amigo leitor!, para ver o Pelé. O Pelé em carne e osso, sozinho, batendo bola. Todos já estavam no vestiário, tomando seu banho, prontos para ir para casa. Pelé, não. Ele estava lá, batendo bola, correndo de um lado para o outro, no campo.

O porteiro conversava conosco, falava do Pelé com muito orgulho. Falava de sua dedicação, chegava antes de todos para os coletivos. Treinava sozinho ou com quem quisesse acompanhá-lo. Sua vida era o futebol e parecia que não fazia mais nada. Era como se tivesse vindo ao mundo para jogar bola. Já era tão bom e continuava treinando. Não parava nunca. O porteiro disse que ele ia embora muito tarde, que a diretoria já havia dado ordens para que as luzes ficassem acesas para ele, enquanto ele estivesse lá.

Nossos olhos brilhavam, o peito se enchia à medida que o homem ia falando. E nós ali, vendo o Pelé, no treino. Não havia torcedor que não quisesse um momento desses.

Depois saímos conversando sobre a aventura. E ficamos pensando em muitos outros atletas, em outras modalidades de esporte. Pensamos na dedicação deles. O quanto de tempo eles gastavam em treinos, preparos e, um dia, ganhar uma competição e subir ao *podium*.

Foi daí que nos veio a idéia: ninguém sobe ao *podium* no dia da competição. Os atletas que chegam ao *podium* começam a subir muito tempo antes da data da competição. Cada dia um pouquinho. E treinam todo dia, manhã, tarde e noite. Não param nunca, se querem realmente ser os bons. Enfrentam o tempo, o clima, a natureza. Dedicam-se a cuidados com relação à alimentação, ao sono. E continuam treinando, procurando cada dia ficar melhores. Até que, um dia, muito esperado, sobem ao *podium*. Longa caminhada a de um vencedor. Como Pelé.

A TERAPIA ERICKSONIANA

2ª PARTE

As metáforas são uma figura de linguagem em que substituímos a significação natural de uma palavra ou expressões e, por extensão, fatos por outros, em virtude da relação de semelhança subentendida que guardam entre si. As metáforas fazem parte da maneira indireta de se dizer as coisas. E para se desvelar uma metáfora faz-se necessário descobrir o sentido, o significado comum entre o elemento citado e o elemento encoberto que guarda a semelhança subentendida.

Para a mente consciente é um trabalho árduo. A pessoa precisa pensar, buscar a relação entre as palavras, ou entre as expressões e encontrar a compreensão, para si, do significado subentendido.

Para a mente inconsciente é um trabalho fácil e simples. Ela já tem armazenado os automatismos. Ela já tem catalogados e bem dispostos os elementos da significação. Ela faz a ligação e estabelece a relação de semelhança sem que a mente consciente tenha que trabalhar.

Daí, trabalhar com metáforas é estar falando diretamente ao inconsciente. O Dr. Erickson se valia das metáforas para dar sugestões e incentivar a responsividade. Rapidamente, ele fazia elos com as histórias que contava, deixando um pequeno laço comum entre elas, dificilmente perceptível para a mente consciente. Com isso, ele conseguia resgatar fontes que estavam secando dentro do indivíduo, fazendo jorrar novamente o jato do prazer e da esperança. Ele se valia das metáforas também para manter o transe e até para aprofundá-lo. Ele construía a história no mesmo momento em que ia observando os sinais mínimos que o cliente apresentava e aproveitava para incentivar mais e mais o inconsciente.

Por exemplo, algumas palavras trazem, pela sua origem e pela sua forma, uma determinada função, como os gerúndios dos verbos. Eles são palavras que indicam movimentos, ação acontecendo no momento. O nosso cérebro, em seu hemisfério direito, que é o abstrato, que é o do lado do inconsciente, também compreende a nossa psicomotricidade, o movimento de nosso corpo. Daí o gerúndio poder entrar diretamente no nosso inconsciente. E o Dr. Erickson usava e abusava do gerúndio, relacionando-o sempre com um advérbio, que é uma palavra que traz a circunstância da ação verbal. Ele podia expressar *"adormecendo completamente"* no meio de uma frase e a mente inconsciente entendia e aprofundava o transe. Ele se valia de palavras como *aprendendo, desfrutando, usufruindo, confortavelmente, saudavelmente, automaticamente,* no meio de uma conversa hipnótica ou num diálogo amigável dentro do *rapport.*

Ele foi, de fato, um mago da comunicação.

O CAMINHO DO SUCESSO

Um casal procurou-me buscando terapia para um filho de 9 anos de idade. Apresentaram-me como queixa inicial uma reclamação da escola: o menino estava desatento, desconcentrado, aéreo, tímido, medroso e não fazia os deveres na escola. Em casa, a mãe ajudava nos deveres, era um bom filho, muito quieto, brincava sozinho apesar de ter um irmão mais velho, com 11 anos e uma irmã mais nova, com 7.

Uma avaliação psicológica mostrou que eles estavam com boa percepção da criança: realmente uma puxada no lado emocional poderia desenvolver tudo aquilo que era necessário a uma boa aprendizagem, uma vez que nada havia a ressaltar em seu desenvolvimento e nos relacionamentos familiares.

Achei que um jogo simples e fácil, que levasse o menino a pensar, que possibilitasse meu controle de derrotas e vitórias poderia ser útil e ajudaria em meu relacionamento com ele. Um jogo que ajudasse a desenvolver a atenção, a concentração e que me mantivesse no controle da situação de ganhar ou perder seria o indicado nesse caso. Convenhamos, era um caso simples, mas carecia de uma intervenção profissional.

Lembrei-me do jogo de xadrez. Um jogo fácil de ser ensinado e que nos obriga a pensar, a memorizar jogadas, a criar lances novos, a conhecer jogadas clássicas. Foi o escolhido. Apanhei o tabuleiro, dispus as peças e propus ao menino a seguinte motivação: eu o ensinaria a jogar, jogaria três partidas para que ele aprendesse o movimento das peças e, depois, jogaríamos de verdade; cada partida que conseguisse me vencer, ele ganharia um chocolate ou um bombom. Se ele perdesse, nada aconteceria. Disse-lhe que eu era um bom jogador de xadrez, que havia aprendido com bons mestres e que teria enorme prazer em ensinar a ele alguns lances clássicos. Proposta feita, mãos à obra.

Depois das três primeiras partidas, começamos a jogar de verdade, mas eu me propus a perder, sem que ele soubesse, com o objetivo de deixá-lo interessado no jogo. Ganhar é muito bom, principalmente no início. Alguns dizem que é sorte de principiante... e assim foi. Perdi as cinco primeiras partidas que jogamos. Ele estava muito satisfeito e vinha para as sessões com prazer. Na sala de espera de meu consultório, a mãe, que sempre o trazia, relatou-me que notava uma substancial mudança no menino, que a escola ainda não havia dito nada, mas que ele estava estudioso, amigo dos irmãos e que já levava alguns colegas a sua casa.

Chegou o dia da sexta partida. Eu havia pensado que era importante que ele perdesse um pouco, que a vida não é feita só de vitórias e que alguma perda era útil para desenvolver a resistência à frustração. Além do mais, ele já conhecia algumas jogadas clássicas como, por exemplo, o "xeque-mate pastor" que acontece em quatro jogadas. Ele já sabia, e bem, planejar jogadas adiante, pensando como agir se eu fizesse uma jogada possível ou como neutralizar jogadas que eu poderia fazer. Já ganhara o suficiente para suportar uma derrota. E, então, joguei para ganhar. Armei os lances com segurança e para vencê-lo rapidamente, sem uma dor muito grande nem angústias. Mas ele estava bem treinado e resistiu. Fiquei surpreso quando ouvi o primeiro "xeque!", vindo dele. O meu rei estava em apuros. Eu deveria defendê-lo. E de novo ele veio com outro "xeque!", e mais outro até que deu o golpe final num costumeiro "xeque-mate!"

Ele percebeu minha surpresa. Eu havia perdido, quando fiz de tudo para ganhar. Disse a ele que estava querendo uma revanche e que eu era bom naquele jogo.

Ele estranhou e me disse que eu nunca ganhara dele, desde a primeira partida a valer e que agora ele não entendia por que eu queria uma revanche. Ele sempre me vencera!

Jogamos outras três vezes mais: sofri mais três derrotas. Pensei que ele, de tanto ganhar, estava se acostumando com isso... e que não seria fácil para mim, agora, vencê-lo. Conversei com ele sobre o que acontecera e contei que eu havia me proposto a perder as cinco primeiras partidas, como ocorrera. Falei de minha felicidade por ver que ele estava vencendo e que eu me treinaria mais para jogar com ele para vencer.

A mãe pediu-me uma entrevista. Para ela a terapia estava pronta. A reunião na escola trouxe-lhe muita felicidade: nenhuma queixa e muita satisfação com o desempenho dele. Em casa, tanto com os irmãos como com os amigos da rua e colegas de escola que lá iam, o jogo de xadrez era a ocupação deles. Comprara um livro de um campeão a pedido deles para verem grandes jogadas. O xadrez era o passatempo, a diversão, a ocupação de todos que jogavam, discutiam e assistiam aos outros jogando.

Permitindo vencer, eu estava abrindo o caminho da vitória, do sucesso.

Dessa forma trabalhava o Dr. Milton H. Erickson. Ele sabia que uma mudança pode levar a outra mudança e assim sucessivamente. Com isso em mente, ele buscava promover uma mudança significativa em algum comportamento e esperar que em seguida, naturalmente, surgisse o que ele denominava o efeito bola de neve. Quando uma bola de neve começa a descer do topo da montanha, ela é bem pequena, mas quando chega no pé da montanha...

A TERAPIA ERICKSONIANA

3ª PARTE

Depois que você já viu as duas primeiras partes da terapia ericksoniana, já sabe que o terceiro "M" está aqui. No primeiro, encontramos a motivação; no segundo, a metaforização; agora, o movimento.

Inicialmente, convém ressaltar que as mudanças que ocorrem durante o transe devem ser sempre *ratificadas*. De uma forma diminuta, ele acusa para o inconsciente que as mudanças estão sendo notadas. Quando fazemos mudanças em nossas vidas, precisamos também da *ratificação* das pessoas. Todos temos em nós essa necessidade de reconhecimento por parte dos outros elementos de nosso grupo social.

Nessa fase, também o Dr. Erickson estabelecia uma relação causal entre as origens e os conjuntos de fatos que estavam ocorrendo na vida das pessoas. Também era capaz de predizer coisas do futuro, sem nenhum ar de vidente, com base apenas na lógica dos fatos. Sempre dando seu enfoque para o positivo, ele montava suas sugestões voltadas para o futuro.

Se as pessoas tivessem passado por momentos difíceis, ou se houvesse algum indício de situações dolorosas sendo revividas no momento do transe, então cabia uma sugestão de amnésia. Mas é certo que o inconsciente protege as pessoas, recolhendo todo o material que não deve, ou ainda não pode, vir para o consciente.

Já pronto para trazer de volta o paciente, ele então recomendava a reorientação para o aqui e agora. Explicava que dentro de pouco tempo o paciente voltaria e poderia compartilhar com os outros as coisas que vivenciara ali.

Agora tem início uma parte muito importante que é a definição de tarefas. Ele já sabe que caminho o cliente quer tomar em sua vida. Junto com o cliente ele vai definir a tarefa terapêutica.

Aí está a alma da terapia ericksoniana. Porque, de acordo com ele, a terapia não acontece no consultório; a terapia não é feita pelo terapeuta; a terapia não se dá num pequeno espaço de tempo de uma sessão. A terapia acontece lá fora, na vida. E quem faz a terapia é o cliente, agente único de seu processo. Ele leva uma tarefa, combinada com o terapeuta e, cuja execução, acarretará, conseqüentemente, em mudanças na sua vida.

Quem realiza todo o trabalho é o cliente. Quem realiza a terapia é o cliente.

O PRESENTE DE MEU PAI

No dia da morte de meu pai, eu fui ao hospital visitá-lo. Eu ia viajar e ele estava hospitalizado há mais de um mês. Ele havia quebrado uma perna, já estava com 89 anos de idade e todos nós, filhos, pressentíamos que o fim dele estava próximo.

No leito de morte, ruim há muitos dias, meu pai já não falava, o olhar perdido ao longe, a boca seca que minha mãe umedecia com um algodão embebido em água para não deixar que os lábios se partissem em rachaduras. Entrei no quarto e lá estavam minha mãe e meu irmão mais velho. Os dois conversavam na janela. Cheguei perto da cama e alisei a careca de meu pai, beijei-a e fiquei um pouco a contemplar aquele velhinho com um fiapo de vida que se esvaía. Sem mover a cabeça, ele abriu os olhos quase sem cor, tombando-os em minha direção. Sorri para ele. A boca se entreabriu e, num grande esforço, ele balbuciou algumas palavras, lentamente, quase imperceptíveis:

"En-si-na pros me-ni-nos, nes-ta vi-da tu-do o que a gen-te quer a gen-te con-se-gue. Só não ven-ce-mos a mor-te."

Custou-me um pouco entender o que ele dissera. Curvei-me sobre sua cabeça repetindo o que ouvira, buscando uma confirmação que não veio. Ele novamente se fechara em sua clausura e nunca mais eu pude ouvir alguma palavra dele.

Imediatamente chamei minha mãe e meu irmão e disse-lhes que meu pai me havia falado alguma coisa. Eles se aproximaram incrédulos, negaram para mim que eu tivesse ouvido alguma coisa, que era impossível que meu pai falasse algo, que eu estava ouvindo vozes.

Saí calado, um pouco assustado, depois de beijar novamente meu pai e despedir-me de minha mãe e de meu irmão.

Será que meu pai sabia que eu havia ganhado meu último filho havia 21 dias? Será que ele se havia lembrado de mim? Será que aquelas palavras tiveram o endereço certo?

Pois bem, meus três filhos foram crescendo e ouviram várias vezes essa história verdadeira. Por vezes, me perguntavam: mas, pai, como é que eu faço para conseguir o que eu quero? E por uma coincidência muito grande, exatamente um ano após a morte de meu pai, eu fui convidado a dar aulas em uma Faculdade de

Administração. E uma das disciplinas mais importantes que eu vi no curso era Planejamento.

Contava isso a meus filhos que, a partir de então, faziam e fazem de tudo para obter o que realmente querem.

BIBLIOGRAFIA

A principal referência técnica para elaboração deste livro foram aulas ministradas pelo Dr. Jeffrey K. Zeig, Ph.D. em São Paulo e em Belo Horizonte, durante os anos de 1993 e 1994.

1. ERICKSON, Milton H.; HERSHMAN, Seymour e SECTER; Irving, L. *Hipnose médica e odontológica.* Campinas: Psy II, 1994.

2. ERICKSON, Milton H. (M.D.) & ROSSI, Ernest L. (Ph.D.). *O homem de fevereiro*: expandindo a consciência e identidade em hipnoterapia. Campinas: Psy, 1994.

3. LOEW, A. Clemens, GRAYSON, H, LOEW, H. G. *Três abordagens em psicoterapia.* São Paulo: Summus, 1984.

4. O'HANLON, William H. & MARTIN, Michael. *Hipnose centrada na solução de problemas.* Campinas: Psy II, 1994.

5. O'HANLON, William H. *Raízes Profundas*. Campinas: Psy II, 1994.

6. O'HANLON, William Hudson e DAVIS, Michele Weiner. *Em busca de soluções*. Campinas, Psy II, 1994.

7. ROSEN, Sidney. *Minha Voz Irá Contigo*. Campinas: Psy II, 1994.

8. ROSSI, Ernest Laurence (Ed.). *The collected papers of Milton H. Erickson on hipnosis, Volume 1: The nature of hipnosis and suggestion; Volume 2: Hipnotic alteration of sensory, perceptual and psichophysicological processes; Volume 3: Hypnotic investigation of psychodinamic processes; Volume 4: Innovative hypnotherapy*. New York: Irvington, 1980.

9. ZEIG, J. K., Ph.D. & GILLIGAN, S. G., Ph.D. *Brief therapy*: myths, methods and metaphors. New York: Brunner/Mazel, 1990.

10. ZEIG, Jeffrey K., Ph.D. (Org.). *Os seminários didáticos com Milton H. Erickson, M.D.* Campinas: Psy, 1995.

11. ZEIG, J. K., Ph.D. (Org.) *The evolution of psychotherapy*: the second conference. New York: Brunner/Mazel, 1992.

12. ZEIG, J. K., Ph.D. *Vivenciando Erickson*. Campinas: Psy II, 1994.

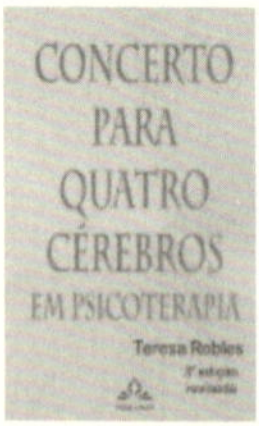

CONCERTO PARA QUATRO CÉREBROS EM PSICOTERAPIA

Teresa Robles

Este é um livro sobre saúde mental, não sobre psicopatologia, que nos ensina a buscar soluções e novas opções para gozar de uma vida plena e frutífera. O método e as técnicas hipnóticas que aprendemos em suas páginas pressupõem uma abertura mental no leitor, um desejo de transcender métodos e técnicas já familiares e freqüentemente usados. É um volume otimista, orientado para a prática clínica, escrito com clareza, calor humano, respeito ao indivíduo e sem as complicações com que muitos autores de psicologia torturam a seus bem-intencionados leitores. É uma obra-prima da abordagem ericksoniana, já tendo sido traduzido para o inglês, o francês e para nossa língua.

COMPREENDENDO A DEPRESSÃO

Michael D. Yapko

Este livro é composto por 75 perguntas que apresentam, em linguagem simples e objetiva, descobertas recentes da pesquisa sobre depressão relacionadas ao cotidiano de todos nós.

Compreendendo a Depressão espera despertar no leitor um entendimento de como a depressão nos afeta para, dessa forma, poder lidar com a própria depressão ou ajudar outras pessoas a lidar com sua depressão.

TERAPIA FEITA SOB MEDIDA

Teresa Robles

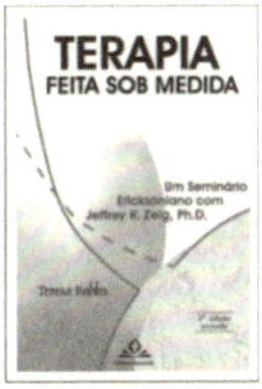

Este livro é a transcrição de um seminário realizado pelo Dr. Jeffrey K. Zeig, PhD, em que nos ensina a fazer uma criteriosa avaliação para determinar os rumos do processo terapêutico, apresentando as técnicas a serem usadas e, finalmente, ensinando como conduzir o processo de terapia para que ele seja experiencial e para que as intervenções sejam efetivas. Ao longo do livro ele vai ensinando os terapeutas a fazer uso do princípio de utilização de forma prática e elegante.

GRUPO DE CRESCIMENTO

Teresa Robles

Grupo de Crescimento, o sexto livro da Dra. Teresa Robles em Português, pode ser considerado um pioneiro do trabalho Ericksoniano com grupos. Nele, a genialidade da Dra. Teresa Robles se faz presente, ampliando, avançando dentro do legado de Milton H. Erickson.

A experiência do trabalho com Grupo de Crescimento no Instituto Milton H. Erickson de Belo Horizonte tem alcançado resultados excelentes. Os clientes falam de mudanças muito significativas em suas vidas. Os exercícios trabalham o simbólico, metaforicamente, de forma indireta e as mudanças ocorrem internamente.

AUTO-HIPNOSE
Aprendendo a caminhar pela vida
Teresa Robles

Este livro inicia uma série de MANUAIS DE AUTO-HIPNOSE.

Está escrito para se ler desfrutando, sem esforço. Está escrito para se ler desde a introdução. Já, desde aí, começa a falar coisas que são úteis para você *ir aprendendo a caminhar pela vida*. Mas, você pode, também, começar por qualquer lugar. Ele foi escrito para lhe dar ferramentas seguras e naturais, para que *você viva desfrutando mais cada momento*. De fato, você já conhece essas ferramentas, você as tem usado de alguma maneira, sem sabê-lo. Neste livro, a autora ensina a utilizar as ferramentas, para que você possa fazê-lo quando você necessitar, em sua vida diária.

REVISANDO O PASSADO
PARA CONSTRUIR O FUTURO
Teresa Robles

Este é um dos livros da série de MANUAIS DE AUTO-HIPNOSE.

Ele surge de um ensaio autobiográfico, em que Teresa compartilha conosco suas experiências de vida e suas aprendizagens nas várias fases de seu processo de amadurecimento psíquico. Este também é um livro de auto-hipnose que convida o leitor a olhar para dentro de si mesmo, a cada linha, a cada exercício. Os exercícios estão esboçados para colocar você, de maneira eficaz, em contato com seus recursos internos, para abrir portas e encontrar caminhos e, assim, resolver as dificuldades pendentes, saudavelmente, protegidamente.

RESGATANDO A MAGIA DA VIDA
Joyce C. Mills

Uma borboleta não nasce borboleta. Assim como a lagarta aguarda o momento certo para sua transformação, nós também precisamos de um tempo para nos preparar para a mudança. Começamos a nos sentir mais seguros com as aprendizagens e habilidades que temos dentro de nós, dentro do nosso próprio casulo e a transformação interior acontece. Podemos dar aquele salto de fé para mudarmos de emprego, matricular naquele curso que pensávamos faz tempo, iniciar uma nova amizade ou relação, ou fazer uma viagem há muito tempo desejada. Qualquer que seja a ação exterior almejada, estamos prontos para voar com nossas asas de segurança e coragem.

A MAGIA DE NOSSOS DISFARCES
Teresa Robles

Nesse livro, a Dra. Teresa Robles descreve a magia e os limites de nossos disfarces e mostra que o importante não é tanto nos livrarmos deles, mas sermos capazes de mudar de disfarce de acordo com os contextos específicos de cada momento de nossas vidas. Se a terapia é a experiência que nos ensina a usar disfarces apropriados nas diferentes situações que a vida nos apresenta, o terapeuta deve aprender, ele mesmo, a fazê-lo. Este é um livro que realmente pode ajudar um terapeuta a adquirir a maestria de tal arte.

FAZENDA ESPERANÇA

Histórias que ajudam pequenos e grandes

Cecilia Fabre (ed.)

Quando conheci o livro Fazenda Esperança, achei que valia a pena ler o livro, pois este poderia ser um instrumento para o trabalho com as crianças que atendo. Além disso, trabalho com grupos de orientação de pais, e sempre é bom encontrar um livro que seja bom para os pais lerem para os filhos, pois essa pode ser uma maneira bastante saudável de interação entre eles. E qual não foi a minha surpresa quando percebi que fui tocada pela leitura. Não sei dizer ao certo quanto e como fui tocada. Mas sei que me emocionei.

Eu o convido, agora, a ler *Fazenda Esperança. Leia e releia as histórias despreocupadamente, curioso(a) para descobrir o que se transforma em você, deixando que se resolva o que precisa ser resolvido.*

- Angela Cota

HOMENAGEM A ELIZABETH MOORE ERICKSON

Mulher extraordinária, profissional, esposa, mãe e companheira.

Marilia Baker

Contar histórias é uma arte. Ser transformado por elas é um privilégio. Marília Baker segue com maestria os passos de Elizabeth Moore Erickson e de Milton H. Erickson, ao escrever esta obra. E nos presenteia com um relato que nos remete à nossa própria história, aos nossos sonhos, aos nossos desafios. Uma história de pessoas com valores muito nobres, de esforços e conquistas, de companheirismo e cooperação, com uma visão positiva da vida e uma maneira de encontrar soluções produtivas e inovadoras para os problemas cotidianos, sempre acreditando que se pode aprender muito com essas situações que a vida nos apresenta.

64,

DIAMANTE

Para saber mais sobre nossos títulos e autores ou nos enviar seus comentários sobre nossos livros entre em contato:

Telefone: (31) 2515-6070 - Fax: (31) 3344-8447

E-mail: diamante@ericksonbh.com.br

Este livro foi impresso em papel
POLEN BOLD NATURAL 90 grs,
com coloração levemente amarelada
para maior conforto na leitura.
Impresso na Artes GráficasFormato Ltda.